Rudolf Steiner Taschenbücher aus dem Gesamtwerk

Rudolf Steiner

Meditativ erarbeitete Menschenkunde

Vier Vorträge, gehalten für die Lehrer
der Freien Waldorfschule in Stuttgart
vom 15. bis 22. September 1920

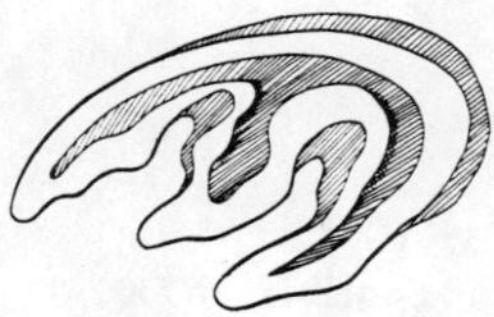

RUDOLF STEINER VERLAG
DORNACH / SCHWEIZ

Nach vom Vortragenden nicht durchgesehenen stenographischen Mitschriften
herausgegeben von der Rudolf Steiner-Nachlaßverwaltung

Ungekürzte Teilausgabe des in der Rudolf Steiner Gesamtausgabe
erschienenen Bandes
«Erziehung und Unterricht aus Menschenerkenntnis»
(Bibliographie-Nr. 302a, ISBN 3-7274-3025-7)
4. Auflage, Dornach 1993
herausgegeben von Walter Kugler

Taschenbuchausgabe

1.–10. Tsd. Dornach 1994

Bestell-Nr. tb 7300

Zeichen auf dem Umschlag und Titelblatt von Rudolf Steiner

Printed in Germany by Clausen & Bosse, Leck

ISBN 3-7274-7300-2

Zu den Veröffentlichungen aus dem Vortragswerk von Rudolf Steiner

Das Werk Rudolf Steiners, wie es in der «Rudolf Steiner Gesamtausgabe» vorliegt, ist gegliedert in die Abteilungen: *Schriften – Vorträge – Künstlerisches Werk.* Seine stets frei gehaltenen Vorträge, insgesamt mehrere tausend, waren ursprünglich als «mündliche, nicht zum Druck bestimmte Mitteilungen» gedacht. Die anfänglich ohne, später mit seinem Einverständnis entstandenen Nachschriften, vor allem von den für Mitglieder der Anthroposophischen Gesellschaft gehaltenen Vorträgen, waren zunächst nur als interne Manuskriptdrucke zugänglich, da Rudolf Steiner aus Zeitmangel die Texte, mit wenigen Ausnahmen, nicht selbst korrigieren konnte. Kurz vor seinem Tod hat er die Einschränkung «Nur für Mitglieder» aufgehoben; die von ihm gemachten *Urteils-Voraussetzungen* bleiben weiterhin gültig. – Heute sind die Vortragstexte nach den vorhandenen Unterlagen geprüft und weitgehend veröffentlicht. Dennoch können Hör- und Übertragungsfehler nicht völlig ausgeschlossen werden.

INHALT

ZU DIESER AUSGABE

In einer Vortragsreihe für Heilpädagogen hat Rudolf Steiner über das Meditieren gesagt, daß ihm nicht die Stimmung zugrunde liegen soll: «Ich will mich innerlich in ein warmes Nest legen», sondern es sollte die Stimmung vorliegen, «daß man die Wirklichkeit ergreift. Andacht zum Kleinen, ja zum Kleinsten.» (siehe «Heilpädagogischer Kurs», GA 317, S. 155)

Was dies nun konkret bedeutet, wird anhand der hier vorliegenden, ursprünglich für Lehrer gehaltenen Vortragsreihe deutlich. Der Leser – und damit seien nicht nur Lehrer, sondern in gleichem Maße auch Eltern angesprochen – wird hier immer wieder in die sensibelsten Vorgänge der physischen, seelischen und geistigen Natur des Menschen eingeführt. Geht es im ersten Vortrag vor allem um die innere Gesinnung des Erziehenden und die Ausbildung verschiedener Stimmungslagen von der Tragik bis zum Humor, so stehen im Zentrum des zweiten Vortrages die drei Grundgebärden: Ehrfurcht, Enthusiasmus und schützendes Gefühl. Verdeutlicht werden diese anhand der Darstellung einiger methodisch-didaktischer Kunstgriffe etwa beim Zeichenunterricht, bei dem es nicht darauf ankommt, daß etwas entsteht nur weil das Kind oder nur weil der Lehrer es will.

Im dritten Vortrag wird der Zusammenhang zwischen Nerven-, rhythmischem und Stoffwechselsystem mit dem Wahrnehmen, Verstehen und dem innerlichen Verarbeiten des Verstandenen herausgearbeitet. Den Abschluß bilden Ausführungen über wichtige Entwicklungsmomente um die Zeit des Zahnwechsels und der Pubertät, wobei das Augenmerk immer wieder auf die sich wandelnden Bedingungen für die Entfaltung des Ich des Menschen gerichtet wird. Einzelne Entwicklungsvorgänge werden im weiteren näher charakterisiert anhand von methodischen und didaktischen Hinweisen und Beispielen u.a. aus dem Musik-, Sprach- und Geschichtsunterricht.

Der Erziehende, so Rudolf Steiner, soll Menschenkunde nicht nur inhaltlich aufnehmen, sondern sie meditieren. Dann wird er neue innere Impulse aus sich heraussetzen können, dann wird Erziehung immer zugleich auch ein künstlerischer Vorgang werden.

Walter Kugler

ERSTER VORTRAG

Stuttgart, 15. September 1920

Mein lieben Freunde, es bestand ja die Absicht, in diesen Tagen, die ich hier zu verbringen in der Lage bin, Ihnen eine Art Ergänzung zu manchem zu geben, was in den einführenden pädagogischen Kursen im vorigen Jahr von mir ausgeführt worden ist. Allein der Tage sind so wenige, und nach dem, was ich eben jetzt vernommen habe, liegen so viele Verpflichtungen für diese nächsten Tage vor, daß über irgendein Programm kaum gesprochen werden kann, daß ich eigentlich kaum sagen kann, ob es über diese heutigen spärlichen Einleitungsworte hinauskommen wird.

Worüber ich heute in dieser Einleitung sprechen möchte, ist dieses, daß ich Ihnen zu den Ausführungen des vorigen Jahres einiges hinzufügen möchte über den Lehrer und den Erzieher selbst. Natürlich ist das, was ich gerade mit Bezug auf die Wesenheit des Lehrers sagen werde, durchaus aphoristisch gemeint, und eigentlich so, daß es wohl am besten seine Gestalt in Ihnen selber nach und nach erst annehmen soll, daß es gewissermaßen weiter verarbeitet werden soll durch Ihr eigenes Denken und Empfinden. Es ist ja gerade der Lehrerschaft gegenüber darauf aufmerksam zu machen – und wir stehen, indem ich darauf aufmerksam mache, auf dem Boden der anthroposophisch orientierten Geisteswissenschaft und wollen von dieser aus gerade die für die heutige Zeit notwendige Pädagogik formen –, es ist vor allen Dingen darauf aufmerksam zu machen, daß der Lehrer eigentlich so recht ein Gefühl, eine Empfindung dafür haben müßte, was das Wesen des Esoterischen als solches ist. In unserer heutigen Zeit, in der Zeit der Demokratie, in der Zeit der Publizistik liegen ja die Dinge so, daß man für das, was eigentlich mit Esoterik gemeint ist, kaum ein wirkliches, ein wahres Gefühl hat; denn man denkt heute, was wahr ist, ist wahr, und was richtig ist, ist richtig, und das Wahre und das Richtige, wenn es in irgendeiner Weise formuliert ist, das müßte sich dann vor aller Welt in der Form, in der man es als richtig formuliert denkt, aussprechen lassen. Nun ist es im wirklichen Leben nicht so;

im wirklichen Leben verhalten sich die Dinge durchaus anders. Im wirklichen Leben liegt von allem das vor, daß man gewisse Wirksamkeiten nur entfalten kann, wenn man die Impulse für diese Wirksamkeiten gewissermaßen als ein heiligstes Geheimgut in der Seele hütet. Und besonders der Lehrer hätte nötig, vieles als ein heiliges Geheimgut zu hüten und es so zu betrachten, daß es eigentlich nur bei denjenigen Verhandlungen, bei den Auseinandersetzungen eine Rolle spielt, die innerhalb der Lehrerschaft selber gepflogen werden. Von vornherein erscheint ein solcher Satz eigentlich gar nicht besonders verständlich und dennoch – er wird Ihnen verständlich werden. Ich müßte vieles sagen, wenn ich ihn verständlich machen wollte, zunächst aber wird er Ihnen verständlich werden, wenn ich Ihnen das Folgende sage.

Dieser Satz, den ich eben angeführt habe, er hat heute zugleich eine umfassende weltzivilisatorische Bedeutung. Wenn wir heute an Jugenderziehung denken, müssen wir ja immer im Auge haben, daß wir arbeiten an den Empfindungen, an den Vorstellungen, an den Willensimpulsen der nächsten Generation; wir müssen uns darüber klar sein, daß wir diese nächste Generation für bestimmte Aufgaben, die nun schon einmal in der Menschenzukunft verrichtet werden sollen, von der Gegenwart aus heranzuziehen haben. Nun kommt, wenn man so etwas hinstellt, sogleich die Frage: Woran liegt es denn eigentlich, daß die Menschheit gegenwärtig in jene weitverbreitete Misere hineingekommen ist, in der sie heute drinnensteht? – Die Menschheit ist in diese Misere dadurch hineingekommen, daß sie sich im wesentlichen eigentlich abhängig gemacht hat, durch und durch abhängig gemacht hat von der besonderen Art und Weise des Vorstellens und Empfindens der Westmenschen. Und man kann sagen: Wenn heute jemand zum Beispiel über Fichte, Herder oder selbst über Goethe in Mitteleuropa spricht, so ist er im Grunde genommen zumeist, wenn er dem äußeren öffentlichen Leben angehört, sei es als Publizist oder als populärer Bücherschreiber oder dergleichen, viel weiter entfernt von dem, was als ein wirklicher geistiger Impuls bei Fichte, Herder oder Goethe lebt, als er – wenn er in Berlin oder Wien denkt und tätig ist – etwa entfernt ist von dem, was heute in London, Paris, New York oder Chicago empfunden und gedacht wird. Allmählich haben sich die Dinge ja so herausgestellt, daß durch die Weltanschauungsimpulse der westlichen Völker im Grunde genommen unsere gesamte Zivilisation überflutet worden ist, daß unser ganzes öffentliches Leben in den Weltanschauungsimpulsen dieser westlichen Völker darinnen lebt. Und man muß sagen, das ist in ganz besonderem Maße der Fall bei der Erziehungskunst; denn im Grunde genommen sind die mitteleuropäischen Völker vom letzten Drittel des 19. Jahrhunderts ab in allen solchen Angelegenheiten bei den Westvölkern in die Schule gegangen. Es erscheint heute den Menschen, die unter anderem auch über Erziehungsfragen diskutieren, als etwas ganz Selbstverständliches, sich in den Denkweisen, die von dort her kommen, zu bewegen. Wenn Sie alles, was heute in bezug auf Pädagogik in Mitteleuropa als vernünftig angesehen wird, seinem Ursprung nach verfolgen wollen, so können Sie es etwa finden zum Beispiel bei den Anschauungen von *Herbert Spencer* oder ähnlichen Leuten. Man verfolgt nicht die Wege, die zahlreich sind, auf denen Anschauungen wie die von Spencer oder ähnliche in die Köpfe der in Mitteleuropa für geistige Fragen maßgebenden Welt hineingekommen sind. Aber diese Wege gibt es, diese Wege sind da. Und wenn man den Geist – ich will nicht auf die Einzelheiten besonderen Wert legen –, den Geist einer solchen pädagogischen Richtung nimmt, wie sie zum Beispiel bei Fichte auftritt, wenn man diesen Geist nimmt, so ist er heute nicht nur durchaus verschieden von dem, was als vernünftige Pädagogik heute allgemein angesehen wird, sondern es liegt die Sache so, daß die Menschen der Gegenwart kaum imstande sind, ihre Seelen in solche Richtungen des Denkens und Empfindens hineinzubringen, damit dasjenige, was bei Fichte oder Herder gemeint war, wirklich so verstanden werden könnte, daß es eine Fortsetzung finden könnte. So erleben wir es denn heute auf dem Gebiete der Pädagogik, der pädagogischen Kunst namentlich, daß geradezu das Gegenteil von dem, was sein sollte, Grundsatz geworden ist. Ich möchte Sie da auf eine Ausführung hinweisen, die Spencer getan hat.

Spencer meint, der Anschauungsunterricht sollte so betrieben werden, daß er in die Untersuchungen des Naturforschers und in die Nachforschungen des Mannes der Wissenschaft übergehe. Was sollte also da getan werden in der Schule? Wir sollten darnach in der Schule die Kinder so unterrichten, daß sie, wenn sie heranwachsen und Gelegenheit dazu haben, das fortzusetzen, was sie von uns in der Schule bekommen über die Mineralien, die Pflanzen, die Tiere und so weiter, dann regelrechte Naturforscher oder Philosophen werden könnten. Gewiß, man ficht heute so etwas vielfach an, aber man verhält sich in der Praxis doch durchaus so, wie es eben dargestellt worden ist. Man verhält sich schon aus dem Grunde so, weil unsere Lehrbücher dementsprechend abgefaßt sind, und weil niemand daran denkt, die Lehrbücher zu ändern, anders abzufassen oder abzuschaffen. Denn es liegen die Sachen heute so, daß zum Beispiel die Lehrbücher über Pflanzenlehre eher für einen künftigen Botaniker abgefaßt sind, aber nicht für einen Menschen im allgemeinen; und ebenso sind die Lehrbücher über Zoologie so gehalten, daß sie für einen künftigen Zoologen geschrieben sind, nicht aber für einen Menschen im allgemeinen.

Nun liegt das Eigentümliche vor, daß das genaue Gegenteil von dem heute angestrebt werden sollte, was Spencer als einen wirklichen pädagogischen Grundsatz hinstellt. Wir können uns im Volksschulunterricht kaum einen größeren Fehler denken, als die Kinder so zu erziehen, wie es eine Behandlungsweise des Gegenstandes, zum Beispiel mit Bezug auf die Pflanzen und die Tiere, erfordert, die so fortgesetzt werden könnte, daß aus dem Kinde später ein Botaniker oder ein Zoologe werden könnte. Im Gegenteil, wenn man den Unterricht daraufhin anlegen könnte, über Pflanzen und Tiere die Dinge so vorzubringen, daß man verhinderte, daß die Kinder Botaniker oder Zoologen würden, so hätte man mehr Richtiges getroffen als durch den Spencerschen Grundsatz. Denn niemand sollte Botaniker oder Zoologe werden durch das, was er in der Volksschule lernt; Botaniker oder Zoologe sollte der Mensch lediglich werden durch seine besondere Anlage, die sich einfach zeigt in der Selektion, die sich innerhalb des Lebens in einer richtigen pädagogischen Kunst ergeben müßte. Durch seine Anlage! Das heißt, wenn er Anlage zum Botaniker hat, kann er Botaniker werden; und wenn er Anlage zum Zoologen hat, kann er Zoologe werden. Das muß auch aus der Anlage des Betreffenden, das heißt aus dem vorbestimmten Karma, aus dem Schicksalsgesetz, erfolgen. Das muß so erfolgen, daß wir erkennen: in diesem sitzt ein Botaniker, in jenem sitzt ein Zoologe. Das darf niemals so erfolgen, daß zu diesem speziellen wissenschaftlichen Betrieb der Volksschulunterricht irgendwie eine Vorbereitung ist. Aber bedenken Sie, was in der letzten Zeit geschehen ist: Es ist das geschehen, daß leider unsere Wissenschafter die Pädagogik gemacht haben. Leute, die sich durchaus gewöhnt haben wissenschaftlich zu denken, haben die Pädagogik gemacht, haben in der Pädagogik das Wichtigste mitgesprochen. Das heißt, es lag die Meinung vor, daß der Lehrer als solcher irgend etwas zu tun habe mit dem Wissenschafter; es wurde geradezu wissenschaftliche Bildung als Lehrerbildung genommen, während die beiden etwas durch und durch Verschiedenes sein müssen. Wird der Lehrer ein Wissenschafter, wendet er sich dazu, im engeren Sinne wissenschaftlich zu denken – er mag das als Privatmann sein, kann es aber nicht als Lehrer sein –, dann geschieht ihm mit Recht etwas, was sehr häufig auftritt: daß der Lehrer in seiner Klasse, unter seinen Schülern oder in seinem Kolleg eine Art komische Figur bildet, daß über ihn Witze gemacht werden. Der Goethesche «Baccalaureus» in der höheren Stufe ist doch keine so große Seltenheit, wie man gewöhnlich meint.

Und im Grunde genommen, wenn man sich heute fragt: Muß man sich mehr auf die Seite des Lehrers stellen, wenn die Schüler über ihn Witze reißen, oder mehr auf die Seite der Schüler? – dann möchte man sich unter den gegenwärtigen pädagogischen Verhältnissen mehr auf die Seite der Schüler stellen. Denn das, worauf alles hinausgelaufen ist, das zeigt sich ja am besten bei unseren Universitäten. Was sind unsere Universitäten eigentlich? Sind sie Lehranstalten für die reife Jugendmenschheit oder sind sie Forschungsanstalten? Sie wollen beides sein, und gerade dadurch sind sie jene Karikaturen geworden, die sie heute sind. Und man hebt gewöhnlich sogar als einen besonderen Vorzug unserer Universitäten das hervor, daß sie zugleich Lehranstalten und Forschungsinstitute sind. Aber gerade dadurch kommt zuerst in diese obersten Lehranstalten all der Unfug hinein, der eben über die Pädagogik kommt, wenn sie von Wissenschaftern gemacht wird. Und dann verpflanzt sich dieser Unfug hinunter bis in die mittleren Schulen und schließlich auch bis in die Volksschulen hinein. Das ist dasjenige, was nicht genug bedacht werden kann: daß pädagogische Kunst ausgehen muß vom Leben, und nicht ausgehen kann vom abgezogenen wissenschaftlichen Denken.

Das ist nun das Eigentümliche, daß zunächst aus der westlichen Bildung heraus gerade dasjenige kommt, was man nennen könnte eine wissenschaftlich, sogar naturwissenschaftlich orientierte Pädagogik, und daß, wenn wir uns desjenigen erinnern, was bei *Herder*, bei *Fichte*, was bei *Jean Paul*, bei *Schiller* und bei ähnlichen Geistern da war, daß dies alles eigentlich eine vergessene Lebenspädagogik ist, eine unmittelbar aus dem Leben heraus geschöpfte Pädagogik.

Nun liegt der welthistorische Beruf der mitteleuropäischen Völker vor, doch diese Pädagogik zu pflegen, diese Pädagogik gewissermaßen als ihre esoterische Angelegenheit zu pflegen. Denn vieles wird der Menschheit gemeinschaftlich werden können und muß es werden, wenn soziale Besserung in der Zukunft eintreten soll. Aber dasjenige, was gerade aus der ganzen konkreten mitteleuropäischen Geistesbildung mit Bezug auf die pädagogische Kunst herauskommt, das werden die westlichen Völker nicht verstehen können; im Gegenteil, es wird sie verärgern. Man kann es ihnen erst sagen, wenn sie sich entschließen, sich auf den esoterischen Boden der Geisteswissenschaft zu stellen. In bezug auf alle diejenigen Dinge, auf die in den letzten 40 Jahren innerhalb Deutschlands mit solchem Stolz hingesehen worden ist, mit Bezug auf alle diese Dinge, für die man einen so großen Aufschwung in Deutschland statuiert hat, ist Deutschland verloren. Das geht über auf die Herrschaft der Westvölker. Da ist nichts zu machen, und wir können nur hoffen, für die Dreigliederung des sozialen Organismus so viel Verständnis hervorzurufen, daß die Westvölker auf dieses Verständnis sich einlassen.

Mit Bezug aber auf dasjenige, was gerade für die pädagogische Kunst zu geben ist, haben wir der Welt etwas zu geben von Mitteleuropa aus, was niemand anderes ihr geben kann – nicht ein Orientale und nicht ein Westmensch. Aber wir müssen verstehen, dies auch innerhalb jener Kreise zu halten, die ein Verständnis dafür aufbringen können; wir müssen verstehen, es da mit einem gewissen Vertrauen zu hüten und müssen wissen, daß dieses Hüten dasjenige ist, was gerade zur Wirkung der Sache führt. Man muß genau wissen, über welche Dinge man vor gewissen Menschen zu schweigen hat, wenn man eine Wirkung erzielen will. Aber wir müssen uns vor allen Dingen darüber klar sein, daß wir nichts erhoffen dürfen von irgendwelcher Einflußnahme derjenigen Denkweise, die, vom Westen ausgehend, für manche Zweige der modernen Zivilisation geradezu unerläßlich ist. Wir müssen wissen, daß wir gar nichts von dieser Seite zu erhoffen haben für das, was wir als pädagogische Kunst zu pflegen haben.

Es gibt eine Schrift von Herbert Spencer über die Erziehung. Diese Schrift ist außerordentlich interessant. Spencer stellt da eine ganze Anzahl von Grundsätzen zusammen, von «Prinzipien», wie er sie nennt, über die intellektuelle Erziehung des Menschen. Unter diesen Prinzipien vertritt er vor allen Dingen eines mit ganz besonderer Schärfe: man solle im Unterricht niemals ausgehen von dem Abstrakten, sondern immer von dem Konkreten, man solle immer herausarbeiten aus dem einzelnen Fall. Nun schreibt er sein Buch über Erziehung. Da steht zunächst, bevor auf irgend etwas Konkretes eingegangen wird, das schlimmste abstrakte Gestrüpp, wirklich lauter abstraktes Stroh, und der Mann bemerkt nicht, daß er einem Grundsätze auseinandersetzt, die er als unerläßlich findet, und daß er das Gegenteil dieser Grundsätze selbst befolgt. Wir haben so das Beispiel, daß ein großer, tonangebender Philosoph der Gegenwart mit dem, was er unmittelbar darbietet, selbst in einem vollkommenen Widerspruche steht.

Nun haben Sie ja im vorigen Jahr gesehen, daß sich unsere Pädagogik nicht auf abstrakte Erziehungsgrundsätze aufzubauen hat, auf dieses oder jenes, was da gesagt werden kann, zum Beispiel: man solle nicht von außen an das Kind etwas heranbringen, sondern man solle die Individualität des Kindes entwickeln und so weiter. Sie wissen, daß unsere pädagogische Kunst sich aufbauen soll auf ein wirkliches Zusammenfühlen mit dem kindlichen Wesen, daß sie sich aufbauen soll in weitestem Sinne auf eine Erkenntnis des werdenden Menschen. Und wir haben ja bei dem ersten Kurs und dann später bei den Lehrerkonferenzen genugsam über das Wesen des werdenden Menschen zusammengetragen. Wenn wir uns einlassen können als Lehrer auf dieses Wesen des werdenden Menschen, so sproßt uns aus der Erkenntnis dieses Wesens des werdenden Menschen schon auf, wie wir verfahren sollen. Wir müssen in dieser Beziehung als Lehrer zu Künstlern werden. So wie der Künstler ganz unmöglich ein Ästhetikbuch in die Hand nehmen kann, um nach den Grundsätzen des Ästhetikers zu malen oder zu bildhauern, so sollte der Lehrer ganz unmöglich eine von jenen pädagogischen Anleitungen gebrauchen, um zu unterrichten. Was der Lehrer aber braucht, ist ein wirkliches Einsehen desjenigen, was der Mensch denn eigentlich ist; was er wird, indem er sich durch die Kindheit hindurch entwickelt. Da ist es vor allem notwendig, daß wir uns klar sind: Wir unterrichten, sagen wir zunächst in der 1. Klasse die sechs- bis siebenjährigen Kinder. Nun, unser Unterricht wird jedesmal schlecht sein, wird jedesmal seine Aufgabe nicht erfüllt haben, wenn wir, nachdem wir ein Jahr lang uns etwa mit dieser 1. Klasse befaßt haben, uns nicht am Ende dieses ersten Jahres sagen: Wer hat denn da eigentlich am meisten gelernt? Das bin ich, der Lehrer! – Wenn wir uns etwa sagen können: Ich habe zu Beginn des Schuljahres großartige pädagogische Prinzipien gehabt, den besten Meistern der Pädagogik bin ich gefolgt, ich habe alles getan, um diese pädagogischen Prinzipien zu verwirklichen – und wenn man das nun wirklich getan hätte, so würde man ganz gewiß schlecht unterrichtet haben. Man würde aber ganz gewiß am allerbesten unterrichtet haben, wenn man an jedem Morgen mit Beben und Zagen in die Klasse gegangen ist und sich gar nicht sehr auf sich selber verlassen hat, dann sich aber am Ende des Jahres sagt: Du hast eigentlich selbst am meisten während dieser Zeit gelernt. – Denn, daß man sich sagen kann: Du hast selbst am meisten gelernt –, das hängt davon ab, wie man verfahren ist. Das hängt davon ab, was man eigentlich getan hat, hängt davon ab, daß man fortwährend das Gefühl gehabt hat: Du wächst, indem du die Kinder wachsen machst. Du probierst im edelsten Sinne des Wortes, du kannst eigentlich nicht sonderlich viel; aber es erwächst dir eine gewisse Kraft, indem du mit den Kindern zusammen arbeitest. – Man wird dann manchmal das Gefühl haben: mit der oder jener Art von Kindern ist nicht viel anzufangen; man wird sich aber mit ihnen Mühe gegeben haben. Man wird von anderen Kindern durch ihre besondere Begabung dieses oder jenes erfahren haben. Kurz, man geht als ein ganz anderer aus der

Kampagne hervor, als man vorher hineingegangen ist. Und man hat das gelernt, was man vor einem Jahre, als man zu lehren angefangen hatte, nicht gekonnt hat. Man sagt sich am Ende des Schuljahres: Ja, jetzt kannst du eigentlich erst das, was du hättest ausführen sollen! – Das ist ein ganz reales Gefühl. Und da liegt ein gewisses Geheimnis begraben. Wenn Sie am Anfange des Schuljahres wirklich das alles gekonnt hätten, was Sie nun am Ende des Jahres können, so hätten Sie schlecht unterrichtet. Gut haben Sie dadurch unterrichtet, daß Sie es sich erst erarbeitet haben! Also denken Sie, ich muß das Paradoxon vor Sie hinstellen, daß Sie dann gut unterrichtet haben, wenn Sie das nicht gewußt haben, was Sie am Ende des Jahres gelernt haben, und daß es schädlich gewesen wäre, wenn Sie zu Beginn des Jahres das schon gewußt hätten, was Sie am Ende des Jahres gelernt haben. Ein merkwürdiges Paradoxon!

Es ist für viele Menschen wichtig, dies zu wissen; am allerwichtigsten aber ist dies für die Lehrer zu wissen. Denn es ist dies ein spezieller Fall einer allgemeinen Wahrheit und Erkenntnis: das Wissen als solches, ganz gleichgültig worauf es sich bezieht, das Wissen, das man in abstrakte Grundsätze fassen kann, das man sich in Ideen innerlich vergegenwärtigen kann, dieses Wissen kann keinen praktischen Wert haben. Einen praktischen Wert hat nur dasjenige, was erst zu diesem Wissen hinführt, was erst auf dem Wege zu diesem Wissen ist. Denn dieses Wissen, das wir uns so erwerben, wie wir das Wissen haben, nachdem wir ein Jahr lang unterrichtet haben, dieses Wissen hat nämlich erst seinen Wert nach dem Tode des Menschen. Dieses Wissen, das geht erst nach dem Tode des Menschen in eine solche Realität hinein, daß es den Menschen dann wieder weiterbilden kann, daß es den eigenen individuellen Menschen weiterbilden kann. Im Leben hat nicht das fertige Wissen einen Wert, sondern die Arbeit, die zu dem fertigen Wissen hinführt; und insbesondere bei der pädagogischen Kunst hat diese Arbeit ihren ganz besonderen Wert. Es ist da eigentlich so wie in den Künsten. Ich glaube nicht, daß einer ein ganz richtig gesinnter Künstler ist, der nach Abschluß eines Werkes sich nicht sagte: Jetzt könntest du es eigentlich erst. Ich glaube nicht, daß einer ein richtig gesinnter Künstler ist, der mit irgendeinem Werke, das er gemacht hat, zufrieden ist. Er kann eine gewisse selbstverständliche egoistische Pietät für das haben, was er gemacht hat, aber er kann eigentlich nicht mit ihm zufrieden sein. Ein Kunstwerk, vollendet, verliert ja eigentlich auch für den, der es gemacht hat, einen großen Teil des Interesses. Dieses Interesseverlieren rührt von der eigentümlichen Art des Wissens her, das wir erwerben bei der Gelegenheit, da wir etwas machen; und auf der anderen Seite liegt gerade das Lebendige, das Lebensprossende darinnen, daß es noch nicht in Wissen übergegangen ist.

So ist es ja schließlich auch mit der ganzen menschlichen Organisation. Unser Haupt ist so fertig, wie nur irgend etwas fertig sein kann, denn es ist geformt aus den Kräften unseres früheren Erdenlebens heraus, es ist überreif. Die menschlichen Köpfe sind ja alle überreif – auch die unreifen. Aber unsere übrige Organisation, die ist so, daß sie erst den Keim abgibt zu dem Haupt unseres nächsten Erdenlebens; sie ist sprossend und sprießend, aber sie ist etwas Unfertiges. Unsere übrige Organisation ist etwas, was bis zu unserem Tode nicht eigentlich seine wahre Gestalt zeigt, nämlich die Gestalt der Kräfte, die in ihr wirksam sind. Und daß da in unserem übrigen Organismus eben das flutende Leben ist, das zeigt seine Konstitution: das Verknöchern ist in diesem übrigen Organismus auf ein Minimum beschränkt, in bezug auf das Haupt ist es auf ein Maximum hinaufgeschraubt.

Diese eigentümliche Art von innerster Bescheidenheit, dieses Gefühl des eigenen Werdens – das ist etwas, was den Lehrer tragen muß; denn aus diesem Gefühl geht mehr hervor als aus irgendwelchen abstrakten Grundsätzen. Stehen wir in unserer Schulklasse so drinnen, daß wir uns bewußt sind: Es ist gut, daß wir alles unvollkommen machen, denn dadurch lebt es –, dann werden wir gut unterrichten. Stehen wir dagegen so in der Klasse, daß wir uns fortwährend voll Zufriedenheit die Finger ablecken vor unserer eigenen pädagogischen Vollkommenheit, dann werden wir ganz gewiß schlecht unterrichten.

Nun denken Sie aber, es geschieht so, daß Sie den Unterricht zuerst in der 1. Klasse besorgen, dann in der 2. Klasse, in der 3. Klasse und so fort, so daß Sie tatsächlich alles das durchgemacht haben, was da durchzumachen ist an Aufregungen, Enttäuschungen, meinetwillen auch an Erfolgen. Denken Sie sich, Sie sind einmal durch alle Klassen der Volksschule aufsteigend durchgegangen, Sie haben am Ende jedes Jahres aus einer solchen Stimmung heraus zu sich selbst gesprochen, wie ich es jetzt dargestellt habe, und nun wandern Sie wieder hinunter, meinetwillen von der 8. in die 1. Klasse. Ja, jetzt, so könnte man meinen, muß man sich doch sagen: Ja, aber nun beginne ich etwas mit dem, was ich gelernt habe, nun werde ich es recht machen können, nun werde ich ein ausgezeichneter Lehrer sein! Aber so wird es nicht sein. Die Erfahrung wird Ihnen etwas ganz anderes vor die Seele bringen. Sie werden sich am Ende des 2., des 3. und eines jeden nächsten Schuljahres aus der richtigen Gesinnung heraus ungefähr dasselbe sagen: Ich habe jetzt über sieben-, acht-, neunjährige Kinder erfahren, was ich nur erfahren konnte, indem ich mit ihnen arbeitete; ich weiß am Ende eines jeden Schuljahres, wie ich es hätte machen sollen. – Aber wenn Sie beim 4. oder 5. Schuljahre wieder angekommen sein werden, so werden Sie es wieder nicht wissen, wie Sie es eigentlich hätten machen sollen. Denn jetzt werden Sie korrigieren, was Sie gemeint haben, nachdem Sie ein Jahr unterrichtet haben. Und so werden Sie, nachdem Sie mit dem 8. Schuljahr fertig sind und alles wieder korrigiert haben, und wirklich das Glück haben, beim 1. Schuljahr wieder anzufangen, so werden Sie in derselben Lage sein. Allerdings, Sie werden aus einem anderen Geiste unterrichten. Aber wenn Sie mit einer inneren, wahren, edlen, nicht mit der geckenhaften Skepsis, von der ich gesprochen habe, durch Ihre Lehrerschaft durchgehen, dann werden Sie aus dieser Skepsis heraus eine neue imponderable Kraft bringen, die Sie ganz besonders veranlagen wird, mit den Kindern, welche Ihnen dann anvertraut sind, mehr zu erreichen. Das ist zweifellos richtig. Aber der Effekt im Leben wird eigentlich dann nur ein anderer sein, nicht ein um so viel besserer, sondern ein anderer. Ich möchte sagen, die Qualität desjenigen, was Sie aus den Kindern machen, wird jetzt nicht viel besser sein, als es das erste Mal war; der Effekt wird nur ein anderer sein. Sie werden qualitativ etwas anderes erreichen, nicht so sehr quantitativ mehr erreichen. Sie werden qualitativ etwas anderes erreichen, und das genügt im Grunde genommen. Denn alles, was wir mit der nötigen edlen Skepsis und der inneren Bescheidenheit uns auf die geschilderte Weise aneignen, läuft darauf hinaus, daß wir aus den Menschen Individualitäten machen, Individualitäten im großen. Wir können nicht zweimal dieselbe Klasse haben und zweimal dieselben Abbilder der pädagogischen Schablone in die Welt hinausstellen! Wir können aber der Welt individuell verschiedene Gestaltungen der Menschen übergeben. Wir bewirken Mannigfaltigkeit im Leben; aber die beruht nicht auf dem Ausgestalten abstrakter Grundsätze, sondern diese Mannigfaltigkeit im Leben beruht tatsächlich auf einem gewissen tieferen Erfassen des Lebens, wie wir es jetzt dargestellt haben.

So sehen Sie, daß es vor allem beim Lehrer darauf ankommt, wie er sich zu seinem heiligen Berufe stellt. Das ist nicht ohne Bedeutung; denn das Wichtigste im Unterricht und in der Erziehung sind denn doch die Imponderabilien. Ein Lehrer, der mit solcher Gesinnung das Klassenzimmer betritt, erreicht anderes als ein anderer. Wie im alltäglichen Leben nicht immer das physisch Große das Maßgebende ist, sondern manchmal auch gerade das Kleine, so ist auch nicht immer das, was wir mit den großen Worten machen, das Maßgebende, sondern manchmal ist es jene Empfindung, jenes Gefühl, das wir in uns ausgebildet haben, bevor wir das Klassenzimmer betreten haben. Namentlich aber eines ist von einer großen Wichtigkeit, das ist, daß wir unseren engeren persönlichen Menschen wie eine Schlangenhaut rasch abstreifen, wenn wir in die Klasse hineingehen. Der Lehrer kann ja unter Umständen, da er, wie man manchmal so selbstgefällig sagt, «auch nur ein Mensch» ist, alles mögliche erleben in der Zeit zwischen dem Schluß der Klasse am vorhergehenden Tage und ihrer Eröffnung am nächsten Tage. Er kann erlebt haben, daß ihn inzwischen die Gläubiger gemahnt haben, oder er hat mit seiner Ehefrau einen Zank gehabt, wie es im Leben wohl vorkommt. Das sind Dinge, wo es Verstimmungen gibt. Solche Verstimmungen geben dann eine Grundnuance für die Seelenverfassung ab. Aber auch frohe, freudige Stimmungen können vorkommen. Es kann Ihnen der Vater irgendeines Schülers, weil er Sie besonders gern hat, einen Hasen nach der Jagd geschickt haben, oder, wenn es eine Lehrerin ist, ein Blumenbukett übersandt haben. Es ist ja ganz selbstverständlich im Leben, daß wir solche Stimmungen in uns tragen. Als Lehrer müssen wir uns dazu erziehen, solche Stimmungen abzulegen und nur aus dem Inhalt des Darzustellenden heraus zu reden, so daß wir wirklich in der Lage sind, indem wir den einen Gegenstand darstellen, aus dem Gegenstand heraus tragisch zu sprechen und übergehen können zu einer humorvollen Stimmung, indem wir in unserer Darstellung fortfahren, wobei wir uns ganz dem Gegenstande überlassen. Aber es handelt sich darum, daß wir imstande sind, nun, ich möchte sagen, den ganzen Reflex der Klasse auf Tragik oder Sentimentalität und Humor wahrzunehmen. Dann, wenn wir dies wahrzunehmen imstande sind, werden wir gewahr, daß für die Seelen der Kinder Tragik oder Sentimentalität oder Humor etwas Außerordentliches bedeuten. Und wenn wir den Unterricht getragen sein lassen von einer Abwechslung zwischen Humor und Sentimentalität und Tragik, wenn wir hinüberleiten von der einen Stimmung in die andere und wieder zurück; wenn wir wirklich in der Lage sind, nachdem wir etwas dargestellt haben, wozu wir eine gewisse tragende Schwere brauchten, dann wieder überzugehen in eine gewisse Leichtigkeit – aber ungezwungen, indem wir uns dem Inhalte hingeben –, dann bewirken wir für die Seelenstimmung etwas, was wie Einatmung und Ausatmung für den körperlichen Organismus ist. Beim Lehren handelt es sich darum, daß wir nicht bloß intellektuell oder intellektualistisch lehren, sondern daß wir in der Lage sind, auf die Stimmungen wirklich Rücksicht zu nehmen. Denn, was ist Tragik, was ist Sentimentalität, was ist eine schwere Seelenstimmung? Das ist ganz dasselbe wie ein Einatmen beim Organismus, wie ein Sich-Erfüllen des Organismus mit der Luft. Tragik bedeutet: wir versuchen unseren physischen Leib zusammenzuziehen und immer mehr zusammenzuziehen, so daß wir im Zusammenziehen des physischen Körpers gewahr werden, wie unser astralischer Leib immer mehr und mehr aus dem physischen Leibe herauskommt durch das Zusammendrücken des physischen Leibes. Humorvolle Stimmung bedeutet, daß wir den physischen Körper lähmen, aber umgekehrt jetzt den astralischen Leib möglichst ausdehnen, über die Umgebung ausdehnen, so daß wir gewahr werden, wenn wir zum Beispiel irgendeine Röte nicht bloß anschauen, sondern wenn wir in sie hineinwachsen, wie wir unser Astralisches über die Röte ausdehnen, in sie hineingehen. Das Lachen ist ja nichts anderes, als daß wir den astralischen Leib des Gesichtes aus unserer Physiognomie heraustreiben. Lachen ist nichts anderes als ein astralisches Ausatmen. Nur müssen wir, wenn wir diese Dinge anwenden wollen, ein gewisses Gefühl für Dynamik haben. Es ist ja nicht immer schicklich, daß wir, wenn wir just etwas Schweres, Getragenes haben, so unvermittelt ins Humorvolle hineinkommen; aber wir können immer beim Unterricht die Mittel und Wege finden, um die kindliche Seele sich nicht verfangen zu lassen bei der Schwere, der Tragik, sondern um sie dann frei herauszureißen, so daß sie wirklich dieses Atmen durchmachen kann zwischen den zwei Seelenstimmungen.

Damit habe ich Ihnen einleitend etwas angegeben von dem, was wie Stimmungsnuancen vom Lehrer beim Unterricht beabsichtigt sein sollte, was wirklich so notwendig ist, wie nur irgend etwas von spezieller Pädagogik.

ZWEITER VORTRAG

Stuttgart, 16. September 1920

Man kann natürlich nicht erziehen und nicht unterrichten, wenn man beim Erziehen und Unterrichten nicht gewissermaßen im Geiste erfühlen kann den ganzen Menschen; denn dieser ganze Mensch kommt in der Zeit der kindlichen Entwickelung noch viel mehr in Betracht als später. Wir wissen ja, daß dieser ganze Mensch in sich schließt das Ich, den astralischen Leib, den ätherischen Leib und den physischen Leib. Diese vier Glieder der menschlichen Natur sind nicht etwa in einer gleichmäßigen Entwickelung, sondern sie entwickeln sich in sehr verschiedener Weise, und wir müssen genau unterscheiden zwischen der Entwickelung des physischen Leibes und des Ätherleibes, und der Entwickelung des astralischen Leibes und des Ich. Die äußeren Offenbarungen dieser differenzierten Entwickelung sprechen sich aus – wie Sie aus den verschiedenen Andeutungen, die ich da und dort gemacht habe, wissen – im Zahnwechsel und in derjenigen Veränderung des Menschen, die sich beim männlichen Menschen im Stimmwechsel bei der Geschlechtsreife kundgibt, die sich beim weiblichen Menschen aber auch deutlich kundgibt, nur in einer anderen Weise. Die Grundwesenheit der Erscheinung ist dieselbe wie beim Manne im Stimmwechsel, nur tritt sie beim weiblichen Organismus in einer verbreiterten Weise auf, so daß sie nicht nur an einem Organ wahrzunehmen ist wie beim männlichen Organismus, sondern sich mehr über den ganzen Organismus erstreckt.

Sie wissen, daß zwischen Zahnwechsel und Stimmwechsel oder der Geschlechtsreife die Zeit des Unterrichts liegt, mit der wir es vorzugsweise beim Volksschulunterricht zu tun haben; aber auch die Jahre, die noch nach dem Stimmwechsel oder dessen Entsprechung beim weiblichen Organismus liegen, müssen der Sorgfalt unterliegen beim Unterricht und bei der Erziehung, müssen durchaus mit herangezogen werden.

Vergegenwärtigen wir uns, was der Zahnwechsel bedeutet. Der Zahnwechsel ist der äußere Ausdruck dafür, daß vorher, also zwischen der Geburt und dem Zahnwechsel, in dem kindlichen Organismus der physische Leib und der Ätherleib stark von dem Nerven-Sinnessystem, also von oben nach unten, beeinflußt sind. Der physische Leib und der Ätherleib sind bis ungefähr zum 7. Jahre vom Kopfe aus am wirksamsten beeinflußt. Im Kopfe sind gewissermaßen die Kräfte konzentriert, die in diesen Jahren, in denen die Nachahmung eine so große Rolle spielt, besonders wirksam sind. Und was an Gestaltung im übrigen Organismus vor sich geht, in Rumpf und Gliedmaßen, das geht dadurch vor sich, daß vom Kopfe aus Strahlungen nach dem übrigen Organismus, nach dem Rumpforganismus und dem Gliedmaßenorganismus, dem physischen Leibe und dem Ätherleibe ausgehen. Dasjenige, was da vom Kopfe aus in den physischen Leib und Ätherleib des ganzen Kindes hineinstrahlt bis in die Finger- und Zehenspitzen, was da hineinstrahlt vom Kopf ins ganze Kind, das ist Seelentätigkeit, trotzdem sie vom physischen Leibe ausgeht; ist dieselbe Seelentätigkeit, die später als Verstand und Gedächtnis in der Seele wirkt. Es ist nur so, daß später nach dem Zahnwechsel das Kind anfängt so zu denken, daß seine Erinnerungen bewußter werden. Die ganze Veränderung, die mit dem Seelenleben des Kindes vor sich geht, zeigt, daß gewisse seelische Kräfte in dem Kinde vom 7. Jahre ab tätig sind als Seelenkräfte, die vorher im Organismus wirksam sind. Die wirken im Organismus. Die ganze Zeit bis zum Zahnwechsel, während der das Kind wächst, ist ein Ergebnis derselben Kräfte, die nach dem 7. Jahre als Verstandeskräfte, als intellektuelle Kräfte auftreten.

Da haben Sie ein ganz reales Zusammenwirken zwischen Seele und Leib, indem sich die Seele mit dem 7. Jahre vom Leibe emanzipiert, nicht mehr im Leibe, sondern für sich wirkt. Da fangen mit dem 7. Jahre diejenigen Kräfte, die nun als Seelenkräfte im Leibe selbst neu entstehen, an wirksam zu werden – und sie wirken ja dann bis in die nächste Inkarnation hinein. Und dann wird zurückgestoßen dasjenige, was vom Leibe aus aufstrahlt, und aufgehalten werden andererseits die Kräfte, die vom Kopfe nach abwärts schießen. So daß in dieser Zeit, wenn die Zähne wechseln, der stärkste Kampf sich abspielt zwischen den Kräften, die von oben nach unten streben, und denjenigen, die von unten nach oben schießende Kräfte sind. Es ist der Zahnwechsel der physische Ausdruck dieses Kampfes jener beiden Kräftearten; jener Kräfte, die später beim Kinde zum Vorschein kommen als die Verstandes- und die intellektuellen Kräfte, und jener Kräfte, die besonders verwendet werden müssen im Zeichnen, Malen und Schreiben. Alle die Kräfte, die da heraufschießen, verwenden wir dann, wenn wir aus dem Zeichnen das Schreiben herausentwickeln; denn diese Kräfte wollen eigentlich übergehen in plastisches Gestalten, in Zeichnen und so weiter. Das sind die Kräfte, die im Zahnwechsel ihren Abschluß finden, die vorher den Körper des Kindes ausplastizierten, die Skulpturkräfte, und die wir verwenden später, wenn der Zahnwechsel vor sich gegangen ist, um das Kind zum Zeichnen, zum Malen und so weiter zu bringen. Es sind dies hauptsächlich diejenigen Kräfte, die in das Kind gelegt sind von der geistigen Welt aus, in denen die kindliche Seele gelebt hat vor der Empfängnis, in der geistigen Welt. Sie wirken zuerst kopfbildend als Körperkräfte und dann vom 7. Jahre ab als Seelenkräfte. So daß wir für die Zeit vom 7. Jahre ab für unsere autoritären Einflüsse einfach das beim Kinde herauskriegen, was das Kind vorher als Nachahmung unbewußt übte, indem diese Kräfte unbewußt in den Körper einschlugen. Wenn später aus dem Kinde ein Bildhauer, ein Zeichner oder ein Architekt wird, aber ein richtiger Architekt, der aus den Formen heraus arbeitet, so geschieht das aus dem Grunde, weil ein solcher Mensch die Anlage hat, in seinem Organismus etwas mehr zurückzubehalten von den Kräften, die in den Organismus hinunterstrahlen, etwas mehr zurückzubehalten im Kopfe, so daß auch später noch diese kindlichen Kräfte hinunterstrahlen. Wenn sie aber nicht aufgehalten werden, wenn mit dem Zahnwechsel alles ins Seelische übergeht, so bekommen wir Kinder, die dann keine Anlagen haben für Zeichnen, für Bildhauerisches oder für Architektur, die niemals Bildhauer werden können.

Das ist das Geheimnis: diese Kräfte hängen zusammen mit dem, was wir durchgemacht haben zwischen dem Tode und unserer neuen Geburt. Man bekommt das, was man braucht innerhalb der Erziehungswirksamkeit als die Ehrfurcht, die einen religiösen Charakter haben kann, wenn man sich bewußt wird: Die Kräfte, die du aus dem Kinde herausholst um das 7. Jahr, die du zum Zeichnen- oder Schreibenlernen verwendest, sie schickt dir im Grunde genommen der Himmel; also die geistige Welt schickt herunter diese Kräfte, das Kind ist der Vermittler, und du arbeitest eigentlich mit den aus der geistigen Welt heruntergesendeten Kräften. Diese Ehrfurcht vor dem Geistig-Göttlichen ist, wenn sie den Unterricht durchströmt, tatsächlich etwas, was Wunder wirkt im Unterricht. Und wenn Sie das Gefühl haben: Sie stehen in Verbindung mit den aus der Zeit vor der Geburt aus der geistigen Welt herunter sich entwickelnden Kräften –, wenn Sie dieses Gefühl haben, das eine tiefe Ehrfurcht erzeugt, dann werden Sie sehen, daß Sie durch das Vorhandensein dieses Gefühls mehr bewirken können als durch alles intellektuelle Ausspintisieren dessen, was man tun soll. Die Gefühle, die der Lehrer hat, sind die allerwichtigsten Erziehungsmittel. Und diese Ehrfurcht ist etwas, was ungeheuer bildend auf das Kind wirkt.

So haben wir in dem, was mit dem Kinde beim Zahnwechsel vorgeht, etwas, was unmittelbar eine Umsetzung von geistigen Kräften durch das Kind aus der geistigen Welt in die physische Welt hinein ist.

Ein anderer Vorgang geht vor sich in den Jahren der Geschlechtsreife; aber er bereitet sich langsam vor durch den ganzen Zyklus vom 7. bis zum 14., 15. Jahre. In dieser Zeit lebt in denjenigen Regionen des Seelenwesens, die nicht vom Bewußtsein schon durchstrahlt sind, etwas auf – denn das Bewußtsein bildet sich ja erst, und es strahlt fortwährend von der Außenwelt etwas unbewußt in uns hinein –, da lebt jetzt etwas langsam Bewußtwerdendes auf, was schon von der Außenwelt aus, aber von der Geburt an das Kind durchstrahlt hat, was mitgewirkt hat am Aufbau des kindlichen Körpers und in das Kind hineingefahren ist, in die plastischen Kräfte.

Das sind wieder andere Kräfte. Während die plastischen Kräfte in das Haupt von innen hineingehen, kommen diese Kräfte jetzt von außen, gehen dann in den Organismus hinunter. Ich kann diese Kräfte, die da von der Außenwelt durch das Haupt in den Körper hineinwirken – sie schieben sich durch die plastischen Kräfte und wirken mit bei dem, was vom 7. Jahre ab beim Aufbau des kindlichen Körpers geschieht –, ich kann diese Kräfte nicht anders bezeichnen als: es sind dieselben Kräfte, welche in der Sprache und in der Musik wirken. Diese Kräfte sind aus der Welt aufgenommen.

Diejenigen Kräfte, die musikalischer Art sind, sind mehr aus der äußeren Welt, aus der außermenschlichen Welt aufgenommen, aus der Beobachtung der Natur, aus der Beobachtung der Vorgänge in der Natur, vor allem aus der Beobachtung ihrer Regelmäßigkeiten und Unregelmäßigkeiten. Durch alles das, was in der Natur vor sich geht, geht ja eine geheimnisvolle Musik: die irdische Projektion der Sphärenmusik. In jeder Pflanze, in jedem Tier ist eigentlich ein Ton der Sphärenmusik inkorporiert. Das ist auch noch mit Bezug auf den menschlichen Leib der Fall, lebt aber nicht mehr in dem, was menschliche Sprache ist, das heißt nicht in den Seelenäußerungen, wohl aber im Leibe in seinen Formen und so weiter. Alles das nimmt das Kind unbewußt auf, und das macht, daß Kinder in einem so hohen Grade musikalisch sind. Sie nehmen das alles in den Organismus auf. Dasjenige, was sie an Bewegungsformen, an Linienhaftem, an Plastischem erleben, das kommt von innen, vom Kopf aus. Alles dasjenige dagegen, was an Tongefüge, was an Sprachinhalt vom Kinde aufgenommen wird, das kommt von außen. Und diesem, was von außen kommt, dem wirkt wieder – aber jetzt etwas später, nämlich um das 14. Jahr herum – das von innen aus sich allmählich entwickelnde geistige Element des Musikalisch-Sprachlichen entgegen. Das schoppt sich jetzt wieder zusammen, beim Weibe im ganzen Organismus, beim Manne mehr in der Kehlkopfgegend, und das bewirkt dort den Stimmwechsel. Das ganze wird also dadurch bewirkt, daß hier ein mehr willensartiges Element von innen sich auslebt im Kampfe gegen ein willensartiges Element, das von außen kommt; und in diesem Kampfe drückt sich aus der Stimmwechsel und was bei der Geschlechtsreife herauskommt. Das ist ein Kampf von inneren musikalisch-sprachlichen Kräften mit äußeren musikalisch-sprachlichen Kräften. – Im wesentlichen wird der Mensch bis zum 7. Jahre mehr von plastischen und weniger von musikalischen Kräften, das heißt, weniger den Organismus durchglühenden musikalischen und sprachlichen Kräften durchsetzt. Vom 7. Jahre ab wird aber im Ätherleib besonders stark das Musikalische und Sprachliche tätig. Dann wendet sich das Ich und der astralische Leib dagegen: ein willensartiges Element von außen kämpft mit einem willensartigen Element von innen, und das kommt in der Geschlechtsreife zum Vorschein.

Es ist ja auch nach außen hin manifestiert, daß ein Unterschied zwischen Männlichem und Weiblichem besteht, indem sie die Tonlage anders haben. Nur zum Teil fallen die Höhenlagen der Stimmen beim Mann und bei der Frau übereinander; die Stimme der Frau reicht höher hinauf, die des Mannes geht tiefer, bis zum Baß. Das entspricht ganz genau dem übrigen Bau des Organismus, der sich da herausbildet aus dem Kampfe dieser Kräfte.

Diese Dinge bezeugen, daß wir es im Seelenleben zu tun haben mit dem, was auch im Aufbau des Organismus, aber zu ganz bestimmten Zwecken, mitwirkt. Alle die abstrakten Redereien, die Sie heute in psychologischen Büchern und in jenen psychologischen Auseinandersetzungen finden, die von der heutigen Wissenschaft ausgehen, alle die Redereien von psychophysischem Parallelismus sind ja nichts weiter als das Dokument für die Ignoranz unserer Philosophen, die nichts wissen von dem wirklichen Zusammenhange des Seelischen mit dem Leiblichen. Denn das Seelische hängt nicht nach den unsinnigen Theorien, welche die psychophysischen Parallelisten ausgedacht haben, mit dem Leiblichen zusammen, sondern wir haben es zu tun mit der ganz konkreten Wirkung des Seelischen im Leibe, und dann wieder mit der Reaktion; von einer solchen werden wir gleich noch sprechen. Es wirkt das Plastisch-Architektonische bis zum 7. Jahre zusammen mit dem Musikalisch-Sprachlichen; es ändert sich das nur im 7. Jahre, so daß von da ab nur das Verhältnis zwischen dem Musikalisch-Sprachlichen auf der einen Seite und dem Plastisch-Architektonischen auf der anderen Seite ein anderes ist. Aber die ganze Zeit hindurch bis zur Geschlechtsreife des Menschen findet ein solches Zusammenwirken statt zwischen dem Plastisch-Architektonischen, das vom Haupte ausgeht und dort seinen Sitz hat, und dem Sprachlich-Musikalischen, das von der Außenwelt ausgeht, das von außen kommt, das Haupt als Durchgangspunkt benützt und sich in den Organismus hinein verbreitet.

Daraus ersehen wir, daß auch die menschliche Sprache, vor allem das musikalische Element, mitwirkt bei der Gestaltung des Menschen: Zuerst gestaltet es den Menschen, und nachher staut es sich, indem es halt macht beim Kehlkopf; da geht es durch das Tor nicht mehr so ein wie früher. Früher ist es eben die Sprache, die unsere Organe bis ins Knochensystem ändert. Derjenige, der mit wirklichem psychophysischem Blick, nicht mit dem blöden psychophysischen Blick unserer heutigen Philosophen, sich ein menschliches Skelett ansieht und die Differenzierung zwischen einem männlichen und einem weiblichen Skelett ins Auge faßt, der sieht im Skelett eine korporisierte musikalische Leistung, die sich abspielt in der Wechselwirkung zwischen dem menschlichen Organismus und der Außenwelt. Es ist das menschliche Skelett gleichsam so zu begreifen, wie wenn man eine Sonate spielen würde und würde sie durch irgendeinen geistigen Kristallisationsvorgang festhalten, man würde so die Hauptformen, die Anordnungsformen des menschlichen Skeletts herauskriegen! Das wird Ihnen auch den Unterschied des Menschen vom Tier bezeugen. Beim Tier ist es so: dasjenige, was vom sprachlich-musikalischen Element aufgenommen wird – vom Sprachlichen sehr wenig, vom Musikalischen aber sehr viel –, das geht, weil gewissermaßen das Tier nicht die Isolierung des Menschen hat, die dann zur Mutation führt, das geht durch das Tier durch. Wir haben auch in der Skelettform des Tieres einen musikalischen Abdruck; der ist aber so, daß erst die verschiedenen zusammengestellten Skelette, zum Beispiel im Museum, einen musikalischen Zusammenhang beim Tier ergeben müßten. Das Tier offenbart immer eine Einseitigkeit in seinem Aufbau.

Das sind Dinge, die wir daher besonders berücksichtigen müßten und die uns zeigen, welche Gefühle wir entwickeln sollen. Bekommen wir mehr Ehrfurcht, indem wir unseren Zusammenhang, unsere Korrespondenz pflegen mit dem Vorgeburtlichen, wie wir sie schon charakterisiert haben, so bekommen wir mehr Begeisterung, Enthusiasmus für den Unterricht aus der Vertiefung in die anderen Kräfte des Menschen. Ein dionysisches Element gleichsam strahlt durch den musikalisch-sprachlichen Unterricht, während wir mehr ein apollinisches Element bekommen für den plastischen Unterricht, für den Mal- und Zeichenunterricht. Den Unterricht, der sich auf das Musikalisch-Sprachliche bezieht, geben wir mit Enthusiasmus, den anderen geben wir mit Ehrfurcht.

Die plastischen Kräfte wirken stärker entgegen, daher werden sie schon mit dem 7. Jahre aufgehalten; die anderen Kräfte wirken schwächer entgegen, daher werden sie erst mit dem 14. Jahre aufgehalten. Das dürfen Sie nicht mit der physischen Stärke und Schwäche nehmen, sondern es ist der Gegendruck gemeint, der ausgeübt wird. Weil die plastischen Kräfte den menschlichen Organismus überwuchern würden, weil sie stärker sind, ist der Gegendruck stärker. Deshalb müssen sie früher aufgehalten werden, während die anderen Kräfte länger im Organismus von der Weltenlenkung drinnengelassen werden. Der Mensch wird länger mit den musikalischen Kräften durchsetzt als mit den plastischen.

Wenn Sie dies in sich reifen lassen und den nötigen Enthusiasmus dafür haben, dann werden Sie sich sagen können: Mit dem, was du an Sprachlichem, an Musikalischem gerade in der Volksschulzeit in dem Kinde anklingen läßt, wenn jener Kampf noch vorhanden ist, und wo du noch auf die Körperlichkeit, nicht nur auf die Seele allein wirkst, mit dem bereitest du das vor, was noch über den Tod hinaus wirkt, was der Mensch noch über den Tod hinausträgt. – Daran arbeiten wir im wesentlichen mit bei alldem, was wir an Musikalisch-Sprachlichem dem Kinde während der Volksschulzeit beibringen. Und das gibt uns einen gewissen Enthusiasmus, weil wir wissen, wir arbeiten damit in die Zukunft hinein. Wirken wir dagegen mit den plastischen Kräften, dann korrespondieren wir mit dem, was vor der Geburt, vor der Empfängnis schon im Menschen lag; das gibt uns Ehrfurcht. Wir arbeiten mit dem anderen in die Zukunft hinein; wir legen unsere eigenen Kräfte hinein und wissen: wir befruchten den musikalisch-sprachlichen Keim mit etwas, was nach dem Abstreifen des Physischen an der Sprache und der Musik in die Zukunft hinüber wirkt. Die Musik ist dadurch physisch, daß sie ein Abglanz des Sphärischen in der Luft ist. Die Luft ist gewissermaßen das Medium, das die Töne physisch macht, und wiederum ist es die Luft im Kehlkopf, welche auch die Sprache physisch macht; während das, was nicht physisch ist in der Sprachluft, was nicht physisch ist in der Musikluft, dasjenige ist, was erst nach dem Tode seine richtige Wirksamkeit entfaltet. Das gibt uns einen gewissen Enthusiasmus für unseren Unterricht, weil wir wissen, wir wirken damit in die Zukunft hinein.

Ich glaube, die Zukunft der Pädagogik wird darin bestehen, daß nicht mehr gesprochen wird zu Lehrern, wie das heute geschieht, sondern daß gesprochen wird in lauter Ideen und Vorstellungen, die sich in Gefühle umwandeln können. Denn auf nichts kommt es mehr an, als daß wir imstande sind, in uns selbst als Lehrer die nötige Ehrfurcht und den nötigen Enthusiasmus auszubilden, um den Unterricht mit Ehrfurcht und Enthusiasmus auszuüben. Ehrfurcht und Enthusiasmus, das sind die geheimen Grundkräfte, welche als die zwei Kräfte in Betracht kommen, die die Lehrerseele eben durchgeistigen müssen.

Ich möchte nur erwähnen, damit Sie die Sache noch besser verstehen, daß das musikalische Element namentlich im menschlichen astralischen Leib lebt. Nach dem Tode trägt der Mensch noch eine Zeitlang seinen astralischen Leib. Solange er ihn trägt, bis er ihn abstreift – Sie kennen das aus meinem Buche «Theosophie» –, ist immer noch eine Art Rückerinnerung, es ist nur eine Art Erinnerung, an die irdische Musik im Menschen nach dem Tode vorhanden. Daher kommt es, daß dasjenige, was der Mensch im Leben als Musikalisches aufnimmt, nach dem Tode nachwirkt wie eine musikalische Erinnerung, etwa noch so lange, bis der Mensch seinen astralischen Leib abgestreift hat. Dann verwandelt sich die irdische Musik im nachtodlichen Leben in Sphärenmusik und bleibt als Sphärenmusik bis einige Zeit vor der neuen Geburt. Das ist etwas, was Ihnen die Sache dem Verständnis näherbringen wird, wenn Sie wissen, daß das, was der Mensch von Musik hier auf der Erde aufnimmt, eine sehr starke Rolle spielt bei der Ausgestaltung seines Seelenorganismus nach dem Tode. Der wird da ausgestaltet während dieser Zeit des Kamaloka. Das ist das Gute der Kamalokazeit, und im wesentlichen können wir das, was die Katholiken Fegefeuer nennen, den Menschen erleichtern, wenn wir das wissen, allerdings nicht, indem wir ihnen das Anschauen abnehmen; das müssen sie ja haben, weil sie sonst unvollkommen bleiben würden, wenn sie nicht eine Anschauung von dem haben könnten, was sie Unvollkommenes getan haben. Aber wir bringen eine Möglichkeit hinein, daß der Mensch im nächsten Leben besser gebildet ist, wenn er in jener Zeit nach dem Tode, wo er seinen astralischen Leib noch hat, viele Erinnerungen an Musikalisches haben kann. Das kann auf einer verhältnismäßig noch niederen Stufe des Okkultismus schon studiert werden. Sie brauchen nur einmal, wenn Sie ein Konzert angehört haben, in der Nacht aufzuwachen, und Sie werden gewahr werden, daß Sie das ganze Konzert vor dem Aufwachen noch einmal erlebt haben. Sie erleben es jetzt sogar viel besser, wenn Sie so nach dem Konzert in der Nacht aufwachen. Sie erleben es sehr treulich. Da wird das Musikalische in den astralischen Leib hineingeprägt, das bleibt darin und das schwingt nach; das bleibt noch etwa 30 Jahre nach dem Tode. Das Musikalische schwingt viel länger nach als das Sprachliche; das Sprachliche als solches verlieren wir verhältnismäßig rasch nach dem Tode, und es bleibt nur der spirituelle Extrakt von ihm zurück. Das Musikalische erhält sich so lange, als der astralische Leib sich erhält. – Das Sprachliche kann uns eine große Wohltat nach dem Tode werden, wenn wir es namentlich oft so aufgenommen haben, wie ich jetzt öfter die Rezitationskunst beschreibe. Ich habe natürlich alle Veranlassung, darauf hinzuweisen, wenn ich die Rezitationskunst so beschreibe, daß diese Dinge nicht richtig aufgefaßt werden können, wenn wir nicht dazu den eigentümlichen Verlauf des astralischen Leibes nach dem Tode ins Auge fassen. Man muß die Dinge dann etwa so beschreiben, wie ich sie bei den eurythmischen Vorträgen beschreibe. Man muß da gleichsam in der Sprache der Botokuden zu den Menschen reden. Ja, es ist wirklich so: vom Standpunkte jenseits der Schwelle aus gesehen sind die Menschen eigentlich wie Botokuden, und erst jenseits der Schwelle sind sie wirkliche Menschen. Und wir arbeiten uns nur aus dem botokudenhaften Standpunkt heraus, wenn wir uns in das Geistige hineinarbeiten; deshalb ja auch die Wut der Botokuden gegenüber unseren Bestrebungen, die jetzt ja in immer stärkerem Maße zutage tritt.

Nun möchte ich Sie noch aufmerksam machen, weil es besonders bei der pädagogischen Kunst sehr stark in Betracht kommt und wir es pädagogisch verarbeiten können, daß in diesem Kampfe, den ich zuerst geschildert habe so, daß Sie sehen, sein äußerer Ausdruck ist der Zahnwechsel, und in jenem späteren Kampfe, dessen Äquivalent der Stimmwechsel ist, daß bei diesem Kampfe das Eigentümliche vorliegt, daß er noch einen besonderen Charakter hat: Alles, was in der Zeit bis zum 7. Jahre vom Kopfe aus nach unten geht, das nimmt sich aus gegenüber dem, was ihm von innen entgegenkommt und was aufbaut, wie ein Angriff. Und alles, was von innen heraus wirkt gegen den Kopf hin, was da aufsteigt und der vom Kopf ausgehenden Strömung entgegenwirkt, ist gegenüber dem, was absteigt, wie eine Abwehr. Das andere nimmt sich aus wie ein Angriff; das von innen heraus nimmt sich aus wie eine Abwehr.

Und wieder ähnlich ist es beim Musikalischen. Da nimmt sich dasjenige, was von innen herauskommt, wie ein Angriff aus, und was von oben durch den Kopforganismus durchgeht nach unten, nimmt sich aus wie die Abwehr. – Würden wir nicht Musik haben, dann würden eigentlich furchtbare Kräfte im Menschen aufsteigen. Ich bin vollständig davon überzeugt, daß bis zum 16., 17. Jahrhundert hin Traditionen aus den alten Mysterien heraus gewirkt haben, und daß in diesen Zeiten noch Leute unter dem Einfluß dieser Mysteriennachwirkung geschrieben und gesprochen haben, die nicht mehr vollständig den Sinn dieser Wirkung kannten, daß aber in manchen, was noch in verhältnismäßig später Zeit auftritt, einfach Reminiszenzen alter Mysterienkenntnisse vorliegen; so daß ich eigentlich immer außerordentlich berührt war von dem Worte *Shakespeares:* Der Mann, der nicht Musik hat in sich selbst, taugt zu Verrat, Mord und Tücke! Traut keinem solchen. – Es wurde in den alten Mysterienschulen den Schülern mitgeteilt: Das, was im Menschen von innen heraus attackierend wirkt, und was fortwährend abgewehrt werden muß, was zurückgestaut wird für die menschliche Natur, das ist «Verrat, Mord und Tücke», und die Musik, die im Menschen vorgeht, ist das, was dem entgegenwirkt. Die Musik ist das Abwehrmittel für die aus dem Inneren des Menschen heraufsteigenden luziferischen Kräfte: Verrat, Mord, Tücke. Wir haben alle Verrat, Mord und Tücke in uns, und die Welt hat nicht umsonst neben dem, daß es dem Menschen Freude macht, das musikalisch-sprachliche Element in sich. Sie hat es, um den Menschen zum Menschen zu machen. Man muß dabei natürlich im Auge haben, daß die alten Mysterienlehrer etwas anders gesprochen haben; sie haben die Dinge mehr konkret ausgesprochen. Sie würden nicht gesagt haben – bei Shakespeare hat es sich schon abgeschattet –: Verrat, Mord und Tücke –, sondern sie würden gesagt haben: Schlange, Wolf, Fuchs. – Die Schlange, der Wolf, der Fuchs – sie werden durch das musikalische

Element abgewehrt aus der inneren menschlichen Natur. Die alten Mysterienlehrer würden immer Tierformen gebraucht haben für dasjenige, was da aus dem Menschen aufsteigt, und was erst zum Menschen umgestaltet werden muß. Und so ist es schon, daß wir den rechten Enthusiasmus bekommen, wenn wir die verräterische Schlange aus dem Kinde aufsteigen sehen und sie durch den musikalisch-sprachlichen Unterricht bekämpfen, und ebenso den mordenden Wolf und den tückischen Fuchs oder die Katze. Das ist das, was uns dann mit dem vernünftigen, mit dem richtigen Enthusiasmus, nicht mit dem brennenden, luziferischen Enthusiasmus, den man heute allein anerkennt, durchsetzen kann. Also, wir müssen erkennen: Attacke und Abwehr.

Der Mensch hat in sich zwei Niveauflächen, an denen abgewehrt wird; zunächst abgewehrt in ihm selber: die Abwehr kommt im Zahnwechsel zum Vorschein im 7. Jahre. Und dann wieder das, was er aufgenommen hat an Musikalisch-Sprachlichem: dadurch wird abgewehrt, was in ihm aufsteigen will. Aber beide Schlachtfelder sind eigentlich im Menschen drinnen: das Musikalisch-Sprachliche mehr gegen die Peripherie zu, nach der Außenwelt; das Architektonisch-Plastische mehr nach dem inneren Menschen, der inneren Welt zu. Aber es gibt noch ein drittes Schlachtfeld; das liegt an der Grenze zwischen dem Ätherleib und der Außenwelt. Der Ätherleib ist immer größer als der physische Leib, ragt überall über ihn hervor. Da ist auch ein solches Schlachtfeld. Da geht der Kampf mehr unter dem Einfluß des Bewußtseins vor sich, wogegen die beiden anderen Kämpfe mehr im Unterbewußten ablaufen. Der dritte Kampf geht mehr im Bewußtsein vor sich. Er kommt zum Ausdruck, wenn sich alles herausarbeitet, was Umsetzung dessen ist, was zwischen dem Menschen und dem Plastisch-Architektonischen vor sich geht auf der einen Seite, und dem, was zwischen dem Menschen und dem Musikalisch-Sprachlichen vor sich geht, wenn dieses in den Ätherleib sich hineinlebt, dadurch den Astralleib ergreift, und so mehr an die Peripherie, an die äußere Grenze verlegt wird. Dadurch entsteht all das, was durch die Finger schießt im Zeichnen und Malen und so weiter. Das ist das, was die Malkunst zu einer mehr in der Umgebung des Menschen wirkenden Kunst macht. Der Zeichner, der Plastiker muß mehr aus der inneren Anlage arbeiten, der Musiker muß mehr aus der Hingabe an die Welt arbeiten. Dasjenige, was sich im Malerisch-Zeichnerischen auslebt, wozu wir das Kind erziehen, indem wir es Formen und Linien machen lassen, das ist ein Kampf, der sich ganz an der Oberfläche abspielt, ein Kampf, der im wesentlichen zwischen zwei Kräften sich abspielt: die eine Kraft wirkt von außen nach innen, die andere von innen nach außen. Die Kraft, welche von innen nach außen wirkt, die will eigentlich den Menschen fortwährend zersplittern; sie will das Menschenbilden fortsetzen, sie will es nicht stark, aber in einer feinen Weise fortsetzen. Diese Kraft, sie will einen so machen – ich muß es etwas radikaler ausdrücken, es ist nicht so stark, aber indem ich es so radikal aufplustere, werden Sie sehen, was ich meine –, diese von innen nach außen wirkende Kraft will uns die Augen aufquellen lassen, will uns einen Kropf machen, will uns die Nase groß wachsen lassen und die Ohren größer machen: alles das will nach außen quellen. Eine andere Kraft ist da, die wir von der Außenwelt aufsaugen und durch die dieses Aufquellen abgewehrt wird. Und wenn wir nur einen Strich machen, etwas zeichnen, so ist es die Bemühung, von der Außenwelt herein dasjenige abzuwenden, was von innen heraus uns deformieren will. Es ist eine komplizierte Reflexbewegung, die wir als Menschen im Malerischen, im Zeichnerischen, im Graphischen ausführen. Wir haben tatsächlich, indem wir zeichnen, oder die Leinwand vor uns haben, in dem etwas aufglimmenden Bewußtsein das Gefühl: Du läßt da etwas nicht in dich herein, was da draußen ist; du machst in den Formen und Strichen dicke Wände oder Stacheldrähte. – In den Zeichnungen haben wir eigentlich solche Stacheldrähte, mit denen wir etwas, was von innen heraus uns zerstören will, auffangen und nicht schnell genug zur Wirkung kommen lassen. Daher wirkt der Zeichenunterricht am besten, wenn wir ihn vom Menschen aus studieren; wenn Sie studieren, was die Hand für Bewegungen machen möchte, wenn Sie beim Eurythmieunterricht vom Kinde die Formen festhalten lassen, diese Bewegungen, die es machen will, dann haben Sie die Linie, die zerstörend wirken will, festgehalten, und sie wirkt dann nicht zerstörerisch. Wenn Sie also anfangen die eurythmischen Formen zeichnen zu lassen und das Zeichnen und dann auch das Schreiben aus diesen herausformen lassen, dann haben Sie etwas, was die menschliche Natur eigentlich will, was mit dem Werden und Wesen der menschlichen Natur zusammenhängt. Und dies sollten wir auch bei der Eurythmie wissen: wir haben im Ätherleib fortwährend die Tendenz, Eurythmie zu treiben; das ist etwas, was der Ätherleib einfach von selbst macht. Eurythmie ist ja nichts anderes, als die ganzen Bewegungen abzulesen von dem, was der Ätherleib machen will; er macht eigentlich diese Bewegungen und wird nur abgehalten, wenn wir sie vom physischen Leibe ausführen lassen. Wenn wir sie vom physischen Leibe ausführen lassen, werden sie im Ätherleib zurückgehalten und wirken dann wieder auf uns zurück und wirken dadurch gesundend auf den Menschen.

Das ist dasjenige, was in einer gewissen Weise im Menschen sowohl hygienisch-therapeutisch als auch didaktisch-pädagogisch nach außen schon wirkt. Das sind Dinge, die erst verstanden werden, wenn wir wissen: es muß etwas, was in der ätherischen Organisation des Menschen zutage treten will, an der Peripherie aus den Bewegungen des physischen Leibes aufgehalten werden. Das eine Mal wird mehr ein willensmäßiges Element aufgehalten bei der Eurythmie, das andere Mal ein mehr intellektualistisches Element beim Zeichnen und Malen. Aber im Grunde genommen ist der Vorgang so, daß es nur zwei Pole ein und derselben Sache sind.

Wenn wir diesen Vorgang wiederum durchfühlen und in unsere empfindende Lehrbefähigung einverleiben, dann haben wir das dritte Gefühl, das wir brauchen, das Gefühl, das uns eigentlich gerade während des Volksschulunterrichtes immer durchdringen soll: daß der Mensch, indem er in die Welt tritt, eigentlich Dingen ausgesetzt ist, vor denen wir ihn schützen müssen durch den Unterricht; er würde sonst zu stark in die Welt ausfließen. Der Mensch hat eigentlich immer die Anlage, seelisch rachitisch zu werden, seine Glieder rachitisch zu machen, ein Gnom zu werden. Und indem wir ihn unterrichten und erziehen, formen wir an ihm. Dieses Formen bekommen wir am besten ins Gefühl, wenn wir verfolgen, wie das Kind eine Zeichnung macht, aber dies dann etwas glätten, so daß nicht das zustande kommt, was das Kind will, auch nicht, was ich will, sondern ein Ergebnis von beidem. Wenn ich das zustande bringe, daß ich das glätte, was das Kind hinfahren lassen will mit dem Finger, aber mein Empfinden hineinlege, mein Mitempfinden, so daß meine Empfindungen mit dem Kinde mitleben, dann kommt das Beste heraus. Wenn ich das in eine Empfindung umwandle und mich damit durchdringe, dann kommt heraus ein Schützen des Kindes vor einem allzu starken Zusammenwachsen mit der Außenwelt. Wir müssen das Kind langsam in die Außenwelt hineinwachsen lassen, dürfen es nicht zu schnell hineinwachsen lassen. Wir haben fortwährend eine schützende Hand über dem Kinde, und das ist das dritte Gefühl.

Ehrfurcht, Enthusiasmus und schützendes Gefühl, das sind die drei Dinge, die tatsächlich, ich möchte sagen, die Panazee, das Allheilmittel in der Seele des Erziehers und Lehrers sind. Und wollte man äußerlich, künstlerisch etwas schaffen wie eine Gruppe der Verkörperung von Kunst und Pädagogik, man müßte dieses schaffen:

Ehrfurcht vor dem, was dem Dasein des Kindes vorangeht.

Enthusiastischer Hinweis auf das, was dem Kinde nachfolgt.

Schützende Bewegung für das, was das Kind erlebt.

In dieser Formung der Lehrernatur würde auch die äußere Offenbarung des Lehrers am besten sich darstellen lassen.

Das sind Dinge, wo man sieht, wie man etwas, was man aus den Intimitäten der Weltgeheimnisse heraus sagt, eigentlich immer als unbefriedigend empfindet, wenn es durch die konventionelle Sprache gesagt wird. Muß man aber solche Dinge durch die äußere Sprache sagen, so hat man das Gefühl: da ist eine Ergänzung notwendig. Da ist immer etwas, wo das mehr abstrakt Sprachliche in das Künstlerische übergehen will. Deshalb wollte ich diesen Schlußpunkt machen.

Das müssen wir lernen. Wir müssen lernen, etwas von der Zukunftsstimmung in uns zu tragen, die darin bestehen wird, daß der Besitz der bloßen Wissenschaft den Menschen zu etwas macht, wodurch er sich ansieht als eine Art Zwerggeburt seelisch-geistig. Wer bloß Wissenschafter ist, wird nicht den Trieb haben, sei es auch nur durch die Formung der Gedanken, das Wissenschaftliche umzugestalten ins Künstlerische. Erst im Künstlerischen begreift man die Welt. Aber immer kann man sagen: Wem die Natur ihr Geheimnis enthüllt, der empfindet eine Sehnsucht nach der Kunst.

Man sollte das Gefühl haben: Insofern du bloß Wissenschafter bist, bist du ein Mondkalb! Erst wenn du umgestaltest deinen seelisch-geistig-körperlichen Organismus, wenn dein Wissen künstlerische Form annimmt, wirst du zum Menschen. Im wesentlichen wird die zukünftige Entwickelung führen – dazu hat der Pädagoge mitzuwirken – von der Wissenschaft zum künstlerischen Erfassen der Welt, von der Mißgeburt zum Vollmenschen.

DRITTER VORTRAG

Stuttgart, 21. September 1920

Im Leben kommt es darauf an, daß die Beziehungen des Menschen zu seiner Umwelt in der richtigen Weise geregelt werden. Man kann diejenigen Produkte, welche die Außenwelt liefert, in entsprechender Weise essen und verdauen; man würde sich aber nicht mehr gut ernähren, wenn man ein von Menschen bis zu einem gewissen Grade bereits verdautes Produkt als Speise aufnehmen würde. Das bezeugt Ihnen, daß es darauf ankommt, daß gewisse Dinge in einer bestimmten Form von außen aufgenommen werden und dadurch für das Leben ihre Bedeutung gewinnen, daß sie dann vom Menschen selbst weiter verarbeitet werden.

So ist es auf einem höheren Gebiete auch, zum Beispiel mit der Pädagogik, der Erziehungskunst. Es kommt bei der Erziehungskunst darauf an, was man lernen soll, und was man durch das Gelernte bei der Handhabung des Unterrichtes selbst eigentlich erst erfinden soll. Wenn man Pädagogik als Wissenschaft lernt, bestehend in allerlei Prinzipien und formulierten Sätzen, so bedeutet das für die Erziehungskunst ungefähr dasselbe, wie wenn man in bezug auf die Ernährung bis zu einem gewissen Grade von Menschen schon verdaute Nahrungsmittel sich zu seiner Ernährung auswählte. Wenn man dagegen Menschenkunde, die Erkenntnis vom Wesen des Menschen, lernend sich aneignet und so den Menschen verstehen lernt, dann nimmt man dasjenige auf, was dem entspricht, was die Natur als Nahrungsmittel gibt. Und im Handhaben des Unterrichtes erwacht uns dann aus dieser Menschenerkenntnis heraus immer ganz individuell die pädagogische Kunst selber. Die muß in jedem Augenblick durch den Lehrer im Grunde genommen erfunden werden. Das ist es, was ich gerade der heutigen Betrachtung vorausschicken möchte.

Im Unterricht und im Erziehen webt sich in einer merkwürdigen Weise dasjenige ineinander, was ich auf der einen Seite nennen möchte das Musikalische, das tonhafte Element der Welt, durch das Hören, und was auf der anderen Seite zu bezeichnen ist als das bildhafte Element der Welt, das sich kundgibt durch das Sehen. Natürlich mischen sich hinein in dasjenige, was durch das Hören auf der einen Seite, durch das Sehen auf der anderen Seite dem Menschen vermittelt wird, andere Sinnesqualitäten, die unter Umständen schon für den Unterricht dann auch eine sekundäre Bedeutung haben können, aber nicht dieselbe große Bedeutung haben wie Sehen und Hören.

Nun handelt es sich darum, daß wir bis in die Leiblichkeit hinein diese Vorgänge wirklich verstehen. Sie wissen, die äußere Wissenschaft unterscheidet heute am Menschen sogenannte Sinnesnerven, die von den Sinnen zum Gehirn beziehungsweise zu dem Zentralorgan gehen sollen und dort vermitteln sollen alles, was Wahrnehmen und Vorstellen ist, und sie unterscheidet von diesen Sinnesnerven die sogenannten motorischen Nerven, die von dem Zentralorgan aus zu den Bewegungsorganen hingehen sollen und die Bewegungsorgane in Bewegung setzen sollen. Sie wissen, daß wir vom Gesichtspunkte der Initiationswissenschaft aus diese Gliederung anfechten müssen. Es besteht absolut kein solcher Unterschied zwischen den sogenannten Sinnesnerven und den motorischen Nerven. Beide sind ein und desselben Wesens, und die motorischen Nerven dienen im wesentlichen zu nichts anderem als dazu, in dem Augenblick, wo wir uns bewegen sollen, das bewegende Organ und den Bewegungsvorgang selbst wahrzunehmen; sie haben nichts zu tun mit der Impulsierung des Willens als solchem. Daher werden wir also sagen können: Wir haben Nerven, welche von unserer Peripherie mehr gegen das Zentrum hingehen, und dann haben wir Nerven, die vom Zentrum aus zu den Enden der Bewegungsorgane verlaufen. Aber das sind im Grunde genommen einheitliche Nervenstränge, und das Wesentliche ist nur, daß diese einheitlichen Nervenstränge unterbrochen sind, daß also gewissermaßen der innervierende seelische Strom, der zum Beispiel von einem Sinnesnerven nach dem Zentrum geht, im Zentrum unterbrochen wird und nun überspringen muß, wodurch aber der innervierende Seelenstrom nichts anderes wird – wie etwa ein elektrischer Funke oder der elektrische Strom durch eine Umschaltungsstelle überspringt, wo die Übertragung unterbrochen ist –, auf den sogenannten motorischen Nerv, der aber in jeder Beziehung dadurch zu nichts anderem wird, der vielmehr genau dasselbe ist wie der Sinnesnerv. Er ist nur dazu veranlagt, den Bewegungsvorgang und das bewegende Organ selbst wahrzunehmen. Aber es gibt etwas, das uns besonders intim hineinschauen läßt in diesen ganzen organischen Vorgang, in dem ineinanderwirken die seelischen Strömungen und die leiblichen Vorgänge.

Nehmen wir einmal an, um davon auszugehen, wir leben in dem Wahrnehmen eines Bildes; wir leben also in dem Wahrnehmen von etwas, was vorzugsweise durch das Sehorgan vermittelt wird, einer Zeichnung, irgendeiner beliebigen Form, die in unserer Umgebung lebt, kurz von irgend etwas, was unser Seeleneigentum dadurch wird, daß wir Augen haben. Da müssen wir nun unterscheiden zwischen drei sehr scharf voneinander zu sondernden inneren Tätigkeiten: erstens dem Wahrnehmen als solchem. Dieses Wahrnehmen als solches spielt sich eigentlich im Sehorgan ab.

Dann haben wir davon zu unterscheiden das Verstehen. Und wir müssen uns hierbei über eines klar sein: alles Verstehen wird vermittelt durch das rhythmische System des Menschen, nicht durch das Nerven-Sinnessystem. Durch das Nerven-Sinnessystem wird lediglich das Wahrnehmen vermittelt; und wir verstehen zum Beispiel irgendeinen Bildvorgang auch nur dadurch, daß sich der rhythmische Vorgang, der reguliert wird vom Herzen und von der Lunge, durch das Gehirnwasser in das Gehirn hinauf fortpflanzt. Jene Vibrationen im Gehirn, die dort vorgehen und die ihre Erregung im rhythmischen System des Menschen haben, vermitteln in Wahrheit körperlich das Verstehen. Verstehen können wir dadurch, daß wir atmen.

Sie sehen, wie falsch heute vielfach diese Dinge von der Physiologie angesehen werden! Das Verstehen, so glaubt man, hätte etwas zu tun mit dem Nervensystem des Menschen. In Wirklichkeit aber beruht es darauf, daß das rhythmische System dasjenige in Empfang nimmt, was von uns wahrgenommen und vorgestellt wird, und es weiter verarbeitet. Dadurch aber, daß das rhythmische System mit dem Verstehen zusammenhängt, kommt das Verstehen in enge Beziehung zum Fühlen des Menschen. Und wer intime Selbstwahrnehmung pflegt, wird sehen, welche Zusammenhänge bestehen zwischen dem Verstehen und dem eigentlichen Fühlen. Im Grunde genommen müssen wir die Wahrheit eines Verstandenen fühlen, wenn wir uns dazu bekennen wollen. Es treffen da eben in uns zusammen dasjenige, was vom verstehenden Erkennen kommt, mit dem Seelischen des Fühlens durch das rhythmische System.

Dann aber gibt es noch ein Drittes: das ist, die Sache so aufzunehmen, daß das Gedächtnis sie behalten kann. Wir haben also bei jedem solchen Vorgang zu unterscheiden: Wahrnehmen, Verstehen und soweit innerliches Verarbeiten des Verstandenen, daß das Gedächtnis es behalten kann. Und dieses Dritte ist nun verbunden mit dem Stoffwechselsystem. Jene feinsten inneren Stoffwechselvorgänge, die im Organismus vor sich gehen, auf die wir wohl zu achten haben, und die uns namentlich als Erzieher bekannt sein müssen, hängen mit dem Gedächtnis, mit dem Erinnerungsvermögen zusammen. Beobachten Sie nur einmal, wie unterschiedlich im Erinnern Kinder sind, die blaß sind, gegenüber solchen Kindern, die rotes, gutes Inkarnat haben; oder wie unterschiedlich in bezug auf das Erinnerungsvermögen die verschiedenen Menschenrassen voneinander sind. All das sind Dinge, die auf den feinsten Gliederungen und Vorgängen des Stoffwechsels beruhen. Und wenn wir zum Beispiel als Erzieher in der Lage sind, einem bläßlichen Kinde so beizukommen, daß wir ihm etwas gesunden Schlaf verschaffen, so daß es eine gewisse größere Erregung im Inneren für die feineren Vorgänge des Stoffwechsels hätte, so können wir damit seinem Gedächtnis gut aufhelfen. Aber auch dadurch können wir seinem Gedächtnis aufhelfen, daß wir als Lehrer uns bemühen, den rechten Pulsschlag zu halten zwischen dem bloßen Zuhören und dem Selbstarbeiten des Kindes. Nehmen Sie einmal an, Sie lassen das Kind zuviel zuhören; dann kommt es zwar zum Wahrnehmen und auch zur Not zum Verstehen, weil es ja fortwährend atmet und dadurch das Gehirnwasser in Regsamkeit hält; aber der Wille des Kindes wird zu wenig angespannt. Der Wille hängt nun, wie Sie wissen, mit dem Stoffwechsel zusammen. Wenn Sie also das Kind zu sehr an das Zuschauen und Hinhören sich gewöhnen lassen und es zu wenig selbst arbeiten lassen, so daß dadurch – weil das innere Verarbeiten mit dem Stoffwechsel und mit dem Willen zusammenhängt – der Wille zu wenig in Tätigkeit kommt, so werden Sie das Kind nicht gut erziehen und unterrichten können. Sie müssen also den richtigen Pulsschlag zwischen Zuhören und Zuschauen und eigener Arbeit finden. Denn das wird nicht gut bewahrt, was nicht im Menschen so verarbeitet wird, daß der Wille in den Stoffwechsel hinein arbeitet und dadurch das Erinnerungsvermögen angefeuert wird. Das sind feine Dinge in der Physiologie, die mit der Geisteswissenschaft allmählich sehr genau werden durchschaut werden müssen.

Während sich dies alles auf das bildliche, durch das Sehen vermittelte Erleben bezieht, ist es anders bei allem, wo Tönendes, mehr oder weniger Musikalisches in Betracht kommt; wobei ich nicht nur das in der Musik lebende Musikalische meine, das nur diese Dinge besonders anschaulich macht und wofür es allerdings vorzüglich gilt, sondern alles, was mit dem Hörbaren zusammenhängt, was mehr in der Sprache und so weiter lebt. Alles das meine ich, wenn ich jetzt vom Tönenden spreche. Da ist nun der Vorgang gegenüber dem, was ich eben geschildert habe – so paradox es klingt –, gerade der umgekehrte. Dasjenige, was im Ohr Sinnesorganisation ist, hängt in einer sehr feinen Weise innerlich mit allen den Nerven zusammen, welche die heutige Physiologie motorische nennt, die aber in Wirklichkeit dasselbe wie die Sinnesnerven sind; daß alles dasjenige, was von uns als Ertönendes erlebt wird, wahrgenommen wird durch die in unsere gliedliche Organisation eingebetteten Nervenstränge. Alles Musikalische muß zuerst tief in unseren Organismus eindringen – und dazu sind die Nerven des Ohres schon organisiert –, muß zuerst tief in unsere ganze Organisation eindringen und muß dasjenige ergreifen, wohinein sonst nur der Wille wirkt in den Nerven, um in der richtigen Weise wahrgenommen zu werden. Denn diejenigen Territorien im menschlichen Organismus, die bei den bildhaften Erlebnissen die Erinnerung vermitteln, diese Territorien sind es, die beim Musikalischen, beim Hörbaren, die Wahrnehmung vermitteln. Suchen Sie also im Organismus diejenigen Partien, welche für die Gesichtswahrnehmungen das Gedächtnis ausbilden, so finden Sie in denselben Partien diejenigen Nerven, welche für die Hörwahrnehmung das Wahrnehmen selbst vermitteln. Darin liegt zum Beispiel der Grund, warum *Schopenhauer* und andere die Musik so eng mit dem Willen in Zusammenhang gebracht haben. Wo für die Sehvorstellungen erinnert wird, nämlich in den Willensbezirken, da wird wahrgenommen für die Gehörvorstellungen. Verstanden wird auch für die Gehörvorstellungen durch das rhythmische System. Und das ist das Bedeutsame in der menschlichen Organisation, daß sich die Dinge in einer so eigentümlichen Weise verschlingen. Unsere Bildvorstellungen kommen mit unseren Gehörvorstellungen zusammen und verweben sich zu einem gemeinsamen inneren Seelenleben dadurch, daß sowohl die Bildvorstellungen wie die Gehörvorstellungen durch das rhythmische System verstanden werden. Verstanden wird alles, was wir wahrnehmen, durch das rhythmische System. Wahrgenommen werden die Gesichtsvorstellungen durch den abgesonderten Kopforganismus, und wahrgenommen werden die Gehörvorstellungen durch den ganzen gliedlichen Organismus. Die Gesichtsvorstellungen haben eine Strömung nach dem Organismus hinein; die Gehörvorstellungen haben eine Strömung von dem Organismus aufwärts. Das müssen Sie nun zusammenbringen mit dem, was ich in der ersten Stunde gesagt habe. Das läßt sich sehr gut zusammenbringen, wenn man es empfindet. Und dadurch, daß sich beide Welten begegnen im rhythmischen System, entsteht dasjenige in unserem seelischen Erleben, was gemeinsam in sich schließt Gehörerlebnisse und Gesichtserlebnisse. Und erinnert wird das Musikalische, erinnert wird alles Hörbare nun in demselben Bezirk, wo das Sichtbare seine Sinnes-Nervenorgane hat. Das sind zu gleicher Zeit diejenigen Organe – Sinnes-Nervenorgane, scheinbar, so nennt sie die äußere Physiologie –, die wieder in Wirklichkeit solche Organe sind, die zusammenhängen mit dem Stoffwechsel, die den feineren Stoffwechsel des Kopfbezirkes vermitteln und durch den die musikalischen Erinnerungen zustande kommen. In denselben Bezirken, wo das Wahrnehmen für die Gesichtsvorstellungen zustande kommt, da kommt das musikalische Erinnern, überhaupt das Erinnern des Hörbaren zustande. In denselben Bezirken, in denen wir das Sichtbare wahrnehmen, erinnern wir uns des Hörbaren. In denselben Bezirken, in denen wir uns des Sichtbaren erinnern, nehmen wir das Hörbare wahr. Und die beiden überkreuzen sich wie eine Lemniskate im rhythmischen System, wo sie ineinander-, übereinandergreifen.

Wer jemals jenes, von dem Menschen so selbstverständlich genommene, aber so wunderbare und rätselvolle musikalische Erinnern, das musikalische Gedächtnis studiert hat, der wird finden, wie grundverschieden dieses musikalische Gedächtnis, das auf einer bestimmten feinen Organisation des Kopfstoffwechsels beruht, zwar dem allgemeinen Charakter nach auch mit dem Willen verwandt ist und dadurch mit dem Stoffwechsel, wie es aber in einem ganz anderen Bezirk des Leibes lokalisiert ist als das Erinnern der Gesichtsvorstellungen, das wieder mit dem Willen zusammenhängt.

Sehen Sie, wenn Sie diese Dinge in Erwägung ziehen, dann werden Sie das ganze Komplizierte des Sprachvorganges auch auf Ihre Seele wirken lassen können. Im Sprachvorgang haben wir von innen heraus wirkend etwas, worin sich dadurch, daß das rhythmische System so nahe mit dem Sprachorgan verbunden ist, erst das Verstehen auslebt. Aber es lebt sich in einer eigentümlichen Weise aus, und da darf ich Sie wohl, um diese Sache voll zum Verständnis zu bringen, an die Goethesche Farbenlehre erinnern. Denken Sie einmal daran, wie *Goethe* – abgesehen davon, daß er die rot-gelbe Seite der Farbenwelt die warme, und die blau-violette Seite die kalte nennt – nahe aneinanderrückt die Farbenwahrnehmung und die Tonwahrnehmung; wie er gewissermaßen in der rot-gelben Seite des Spektrums anders «tönen» sieht als in der blau-violetten Seite und wie er das zusammenbringt mit Dur und Moll, also mit gewiß schon intimeren Seiten der Tonerlebnisse. Man findet dies besonders in denjenigen Partien, die dann von seinen naturwissenschaftlichen Schriften aus dem ungedruckten Material in der Weimarischen Ausgabe veröffentlicht sind, und von mir in dem letzten Bande meiner Kürschnerschen Ausgabe dann nachgeholt sind. Und wir können uns schon sagen: Wenn wir das, was mehr in der Art des Beschreibens Goethe so in seiner Farbenlehre gibt, wenn wir das jetzt übertragen auf den inneren Menschen, so kommt etwas Besonderes heraus. Es ist gewissermaßen im Inneren des Menschen so, daß in dem Sprechen zunächst das Tönen lebt. Ja, es lebt im Sprechen das Tönen, aber dieses Tönen wird ja in einer gewissen Beziehung verändert. Ich möchte sagen, es wird dieses Tönen durchsetzt von etwas, was es «abstumpft» im Sprechen. Und es ist wirklich nicht bloß ein bildlicher Vergleich, sondern etwas, was mit realen Vorgängen zu tun hat, wenn wir sagen, der eigentliche Ton wird im Sprechen «gefärbt». Dasselbe, was, wenn wir die Farbe «tonlich» wahrnehmen, dann mit der äußeren Farbe geschieht – wir nehmen an der äußeren Farbe auch nicht den Ton wahr, aber wir hören gewissermaßen aus jeder Farbe etwas herausklingen –, dasselbe geschieht innerlich: wir sehen nicht eine Farbe, wenn wir I oder U sprechen, so wenig wie wir die Töne hören, wenn wir Gelb oder Blau sehen. Aber dasselbe Erlebnis, das wir haben, wenn wir die Farbe tönend erleben, haben wir, wenn wir den Ton aus der Sprache heraus lautend erleben. Da schieben sich ineinander Gesichtswelt und Tonwelt. Was wir draußen im Raume sehen als Farbe, das trägt einen ganz offenbaren Schaucharakter und einen intimen Toncharakter, der dann so in uns hineingeht, wie ich es in einer der vorhergehenden Stunden beschrieben habe. Was von innen als Sprache an die Oberfläche des Menschen kommt, trägt einen Toncharakter offenbar, aber einen intimen Farbencharakter im Lautieren, der sich wieder mehr so heraufarbeitet, wie ich das beschrieben habe mehr beim Menschen bis zum 7. Lebensjahre. Sie sehen daraus, daß in der Außenwelt das Farbige mehr offenbar gehalten wird, in der menschlichen Innenwelt mehr das Tönende offenbar gehalten wird, und daß unter dieser Oberfläche in der Außenwelt die Weltenmusik schwimmt; unter der Oberfläche des Tönenden im Inneren des Menschen schwimmt und bewegt sich ein geheimnisvoll-farbiges Astrales.

Und wenn Sie nun die eigentliche Sprache, diesen wunderbaren, sich vom Menschen absondernden Organismus richtig verstehen, dann fühlen Sie, indem die Sprache aus dem Menschen erklingt, zu gleicher Zeit die ganzen Vibrationen des astralischen Leibes, die da drinnen sind in den farbigen Schwingungen, die unmittelbar in die Sprache übergehen. Sonst wirken sie ja auch im Menschen, aber sie kommen in eine sonderbare Aufregung, konzentrieren sich zum Kehlkopf hin, bekommen ihre Einschläge von Sonne und Mond, und das gibt etwas wie ein Spiel im astralischen Leib, das sich äußerlich offenbart in den Bewegungen des Kehlkopfes. Und jetzt haben Sie die Möglichkeit, wenigstens als ein Bild vor Ihnen stehend: Sie hören irgendeiner Sprache zu, schauen den astralischen Leib an, der dann seine Vibrationen sogleich auf den Ätherleib überträgt, wodurch das Ganze noch intimer wirkt; Sie zeichnen nun das Ganze, dadurch bekommen Sie nur Bewegungen, die im menschlichen Organismus begründet sind, und Sie erhalten jene Eurythmie, die immer ausgeführt wird gemeinsam vom astralischen Leib und Ätherleib, wenn der Mensch spricht. Es ist keine Willkür möglich, sondern es wird dadurch lediglich in die Sichtbarkeit heruntergeholt, was sonst fortwährend unsichtbar geschieht.

Warum tun wir das gegenwärtig? Ja, wir tun es, weil es in uns liegt, gegenwärtig bewußt diejenigen Sachen machen zu müssen, die wir früher unbewußt gemacht haben; denn alle Entwickelung des Menschen besteht darin, daß nach und nach das erst bloß geistig existierende Übersinnliche sich ins Sinnliche herunterbewegt. Die Griechen zum Beispiel haben noch eigentlich mit der Seele gedacht; es war ihr Denken noch ganz seelisch. Die modernen Menschen, besonders seit der Mitte des 15. Jahrhunderts, denken mit dem Gehirn. Der Materialismus ist eigentlich eine ganz richtige Theorie für den modernen Menschen. Denn was die Griechen noch in der Seele erlebten, das hat sich allmählich abgedrückt im Gehirn, das vererbt sich im Gehirn von Generation zu Generation, und die neueren Menschen denken schon mit den Abdrücken des Gehirns; sie denken schon durch materielle Vorgänge. Das mußte so kommen. Man muß nur wieder hinauf; man muß nur zu diesen Vorgängen hinzufügen das Sich-Erheben des Menschen zu denjenigen Ergebnissen, die aus der übersinnlichen Welt kommen. Daher müssen wir dem Hineinprägen des früheren Seelischen in den Leib jetzt den Gegenpol entgegenstellen, das freie Ergreifen des Geistig-Übersinnlichen durch die Geisteswissenschaft. Aber damit die Menschheitsentwickelung fortgehe, müssen wir dieses Hinuntertragen des Übersinnlichen in das Sinnliche bewußt in die Hand nehmen. Wir müssen den Körper des Menschen, diesen sinnlichen Körper, so in die sichtbare Beweglichkeit bewußt versetzen, wie es bisher nur im Unsichtbaren, unbewußt für uns, geschehen ist. Damit setzen wir dann den Weg der Götter bewußt fort, indem wir die Arbeit der Götter noch übernommen haben: die Einprägung des Denkens in das Gehirn, indem wir aus dem Übersinnlichen der Eurythmie, aus der übersinnlichen Eurythmie die sinnliche machen. Würden wir das nicht machen, so würde die Menschheit allmählich in ein seelisches Träumen verfallen;

sie würde schlafend werden. Es würde so werden, daß zwar aus den geistigen Welten heraus allerlei in das menschliche Ich und in den astralischen Leib hineinfluten würde, aber das würde immer im Schlafzustande geschehen, und beim Erwachen würde es sich niemals auf den physischen Organismus übertragen.

Wenn die Menschen Eurythmie treiben, so ist es so, daß Eurythmisten und Zuschauern im Leben gedient wird; beide haben etwas Wesentliches davon. Bei denen, die selbst Eurythmisten sind, wird der physische Organismus durch die Bewegungen der Eurythmie zu einem geeigneten Aufnahmeorgan für die geistige Welt gemacht, weil die Bewegungen herunter wollen aus der geistigen Welt. Es werden gewissermaßen die Eurythmisten Aufnahmeorgane für Vorgänge der geistigen Welt, indem sie ihren Körper dafür vorbereiten. Bei denen, die Zuschauer in der Eurythmie sind, wird gewissermaßen, was an Bewegungen in bezug auf ihren astralischen Leib und ihr Ich lebt, durch die Bewegungen der Eurythmie intensiviert. Könnten Sie nach einer Eurythmieaufführung plötzlich in der Nacht aufwachen, dann würden Sie sehen, daß Sie noch viel mehr in sich haben als nach einer Sonate, wenn Sie ein Abendkonzert gehört haben und in der Nacht wieder aufwachen; das tritt bei der Eurythmie in noch stärkerem Maße auf. Das stärkt die Seele, indem es die Seele lebendig sich einleben läßt in das Übersinnliche. Es muß nur auch da eine gewisse Hygiene herrschen. Denn wenn es zuviel wird, so zappelt die Seele in der geistigen Welt des Nachts, wenn der Mensch schlafen soll, und dieses Zappeln würde im Seelischen drinnen das Gegenbild für die physische Nervosität sein.

Sie sehen, wie diese Dinge uns darauf hinweisen, immer realer und realer diesen wunderbaren Bau der menschlichen Organisation wahrzunehmen. Es zeigt sich uns auf der einen Seite herab ins Physische, wo alles darauf hinweist, daß nichts existiert in unserem Leibe, was nicht durchgeistigt ist, und auf der anderen Seite sehen wir das Geistig-Seelische, was darauf hinstrebt, daß nichts mehr im Menschen geistig-seelisch ist, was nicht das physische Erleben verarbeitet. Und besonders interessant ist es, wenn man dann solche Dinge, wie ich sie heute wieder gesagt habe, auf sich wirken läßt und als Anregungen betrachtet. Wenn Sie zum Beispiel jetzt lebhafte Meditationsvorstellungen sich bilden über das ganze Leben des Musikalischen im Menschen in den Willensbezirken des Sichtbaren, und wieder über das gedächtnismäßige Erleben im Musikalischen, über das Leben der musikalischen Erinnerungen in den Vorstellungsbezirken des Sichtbaren – und umgekehrt, wenn Sie das, was in den Vorstellungsbezirken des Hörbaren ist, in Zusammenhang bringen mit dem, was in den Gedächtnisbezirken des Sichtbaren ist –, wenn Sie alle diese Dinge zusammenbringen und Meditationsvorstellungen sich daraus bilden, dann können Sie sicher sein, daß eines in Ihnen angeregt wird: eine tiefe Erfindungskraft, die Sie brauchen, wenn Sie erziehend dem Kinde gegenüberstehen.

Die Betrachtungen, die eine geisteswissenschaftliche Pädagogik so anstellt, wie wir sie angestellt haben, gehen alle darauf aus, den Menschen intimer kennenzulernen. Aber wenn Sie dann über diese Dinge meditierend nachdenken, so können Sie gar nicht anders als bewirken, daß diese Dinge in Ihnen weiterwirken. – Sehen Sie, wenn Sie zum Beispiel ein Butterbrot essen, so haben Sie es zunächst mit einem bewußten Vorgang zu tun; aber was dann weiter geschieht, wenn das Butterbrot den komplizierten Verdauungsprozeß durchmacht, so ist das etwas, worauf Sie nicht viel wirken können; aber dieser Prozeß geht vor sich, und Ihr allgemeines Leben hängt damit stark zusammen. Wenn Sie nun Menschenkunde studieren, wie wir es getan haben, so erleben Sie das zunächst bewußt; meditieren Sie nachher darüber, so geht ein innerer geistig-seelischer Verdauungsprozeß in Ihnen vor sich, und der macht Sie zum Erzieher und Unterrichter. Geradeso, wie Sie der Stoffwechsel zum sonst lebenden Menschen macht, so macht Sie dieses meditierende Verdauen einer wahren Menschenkunde zum Erzieher. Sie stehen eben einfach dem Kinde als Erzieher ganz anders gegenüber, wenn Sie das durchgemacht haben, was eben erst folgt aus einer wirklichen anthroposophischen Menschenkunde. Das, was wird aus uns, was in uns wirkt, wodurch wir Erzieher werden, das geht im meditierenden Erarbeiten einer solchen Menschenkunde vor sich. Und solche Betrachtungen wie die heutigen, wenn wir sie immer wieder und wieder in uns erwecken, wenn wir auch nur 5 Minuten am Tage darauf zurückkommen, sie bringen alles innere Seelenleben in Bewegung. Wir werden innerlich so gedanken- und empfindungsfruchtbare Menschen, daß alles nur so aus uns heraussprudelt. Abends meditieren Sie über Menschenkunde, und morgens quillt Ihnen heraus: Ja, mit dem Hans Müller mußt du jetzt dies oder jenes machen – oder: Bei diesem Mädchen fehlt es an dem und dem und so weiter. Kurz, Sie wissen, was Sie für den speziellen Fall anwenden müssen.

Es kommt im Menschenleben darauf an, daß man in dieser Weise das Innere mit dem Äußeren zusammenarbeiten läßt. Man braucht gar nicht einmal so viel Zeit dazu. Wenn Sie einmal dafür Force bekommen haben, dann können Sie innerlich in drei Sekunden erarbeiten, was Sie dann in der Sprache oft, wenn Sie es auf die Erziehung anwenden, für einen ganzen Tag versorgt. Da hört die Zeit auf ihre Bedeutung zu haben, wenn es sich darum handelt, das Übersinnliche zum Leben zu bringen. Der Geist hat eben andere Gesetze. Geradeso wie wenn Sie beim Aufwachen einen Gedanken haben können, dessen Zeitinhalt zum Beispiel Wochen in Anspruch nehmen kann – er ist Ihnen aber durch den Kopf geschossen in einer Zeit, die kaum anzugeben ist –, geradeso kann umgekehrt das, was Ihnen aus dem Geiste herausfließen kann, sich dann verlängern. Wie sich beim Traume alles zusammenzieht, so verlängert sich das, was uns aus dem Geiste erfließt. So können Sie jetzt durch ein solches meditierendes Sich-Hineinleben in die anthroposophische Menschenkunde es dahin bringen, daß Sie, wenn Sie im 40. oder 45. Jahre sind, in fünf Minuten die ganze Umwandlung des inneren Menschen haben, die Sie für Ihren Unterricht brauchen, und die Sie dann im äußeren Leben zu etwas ganz anderem macht, als Sie früher gewesen sind.

Von solchen Dingen sprechen diejenigen Schriften, die von Menschen herrühren, welche so etwas erlebt haben. Man muß es verstehen. Man muß aber auch verstehen, daß dasjenige, was von einzelnen Individualitäten in einem ganz besonderen Maße erlebt wird und nun sein Licht auf das ganze Leben hinwerfen kann, beim Erzieher sich im kleinen abspielen muß.

Er muß Menschenkunde aufnehmen, Menschenkunde verstehen durch Meditieren, an Menschenkunde sich erinnern: da wird das Erinnern lebendiges Leben. Es ist nicht bloß ein Erinnern wie sonst, sondern ein Erinnern, welches neue innere Impulse aus sich heraustreibt.

Da kommt die Erinnerung quellend aus dem geistigen Leben, und da überträgt sich in unser äußeres Arbeiten dasjenige, was als dritte Etappe kommt: Nach dem meditierenden Verstehen kommt das schaffende, das schöpferische Sich-Erinnern, das zugleich ein Aufnehmen aus der geistigen Welt ist. So also haben wir: Zuerst ein Aufnehmen oder Wahrnehmen der Menschenkunde, dann ein Verstehen, ein meditierendes Verstehen dieser Menschenkunde, indem wir in uns immer mehr hineingehen, innerlich hineingehen, wo die Menschenkunde empfangen wird von unserem ganzen rhythmischen System, und dann haben wir ein Erinnern der Menschenkunde aus dem Geistigen heraus. Das heißt: aus dem Geiste heraus pädagogisch schaffen, pädagogische Kunst werden. Gesinnung muß das werden, Seelenverfassung muß das werden.

So müssen Sie den Menschen anschauen, daß Sie auch da diese drei Etappen fortwährend in sich fühlen. Und je mehr Sie dazu kommen, sich zu sagen: Da ist mein äußerer Leib, da ist meine Haut; das umschließt in mir den die Menschenkunde Aufnehmenden, den die Menschenkunde meditierend Verstehenden, den von Gott durch das Erinnern der Menschenkunde Befruchteten – je mehr Sie dieses Gefühl in sich tragen, desto mehr sind Sie Erzieher und unterrichtender Erzieher.

VIERTER VORTRAG

Stuttgart, 22. September 1920

Wenn wir den Menschen in seiner Konstitution betrachten und dann diese Erkenntnis auf den werdenden Menschen, auf das Kind anwenden, so ergibt sich das Folgende: Aus den geistigen Welten herein kommt, ich möchte sagen, auf einer Art astralischen Flügeln, die Ichheit des Menschen. Wenn wir das Kind zunächst in den ersten Lebensjahren betrachten, wie es sich entwickelt, wie es Grad für Grad aus seinem tiefen Inneren die Physiognomie an die Oberfläche des Leibes bringt, wie es immer mehr und mehr die Gewalt über seinen Organismus bekommt, so ist das, was wir da sehen, im wesentlichen die Einverleibung des Ich. Wenn wir uns diese Einverleibung des Ich betrachten, so können wir das, was eigentlich vorgeht, in verschiedener Weise charakterisieren, und Sie kennen ja hauptsächlich schon zwei Arten, wie dies zu charakterisieren ist.

In den letzten Zeiten ist von mir mehr davon gesprochen worden, wie mit dem Zahnwechsel dasjenige, was organisierend im physischen Leibe ist, sich emanzipiert, während des Zahnwechsels herauskommt und im wesentlichen die Intelligenz bildet. So kann man den Vorgang von einer gewissen Seite her schildern. Man kann ihn auch so schildern, wie es in früheren Zeiten geschehen ist, wo von einem anderen Gesichtspunkte aus das Material zum Verständnis des Menschen herbeigetragen worden ist und wo gesagt wurde: Mit dem Zahnwechsel wird der Ätherleib des Menschen geboren; der physische Leib des Menschen wird mit der Geburt geboren, der Ätherleib mit dem 7. Jahre ungefähr. Was so auf der einen Seite Geburt des Ätherleibes genannt werden kann, ist dasselbe, was auf der anderen Seite genannt werden kann das Emanzipieren der Intelligenz vom physischen Leibe. Es ist nur die zweiseitige Schilderung derselben Tatsache. Sie wird im Grunde genommen erst richtig erfaßt, wenn wir in dieser Weise zwei solcher Anschauungen synthetisch zusammenfassen. In der Geisteswissenschaft läßt sich nicht anders charakterisieren, als daß man von verschiedenen Seiten her sich einer Sache nähert und die sich ergebenden verschiedenen Anschauungen dann zusammenschaut. Geradesowenig wie in einem einzigen Ton eine Melodie gegeben werden kann, so wenig können Sie das, was geisteswissenschaftlicher Inhalt ist, mit einer einzigen Charakteristik umfassen; Sie müssen die Charakteristik von verschiedenen Seiten nehmen. Das ist das, was in früheren Zeiten Menschen, welche etwas davon wirklich wußten, genannt haben: Zusammenhören, die verschiedenen Erklärungen zusammenhören.

Nun, was geschieht weiter? In das, was da eigentlich frei wird – ob wir es nun Ätherleib oder ob wir es Intelligenz nennen –, in das strömt gewissermaßen das schon mit der Geburt heruntergestiegene Ich ein und durchorganisiert es nach und nach; so daß also in dieser Zeit stattfindet ein Durcheinanderströmen des ewigen Ich mit dem, was sich da bildet: die freiwerdende Intelligenz, der geborenwerdende Ätherleib.

Und wenn wir dann die nächste Zeit betrachten, die Zeit vom 7. bis zum 14. Jahre, also bis zur Geschlechtsreife, so können wir wieder von der einen Seite sagen, ein willensartiges Element, ein musikalisches Element wird gewissermaßen aufgenommen. Der Vorgang wird schon so am besten geschildert seiner einen Seite nach, wenn wir sagen: aufgenommen; denn es ist das musikalische Element, das eigentlich in der Außenwelt liegt. Durchvibriert wird allerdings das, was da an Musikalischem, an Tonlichem aufgenommen wird, durch den astralischen Leib. Der wird dadurch von dem Zusammenhange, den er früher gehabt hat mit der ganzen Organisation, emanzipiert. Wir können deshalb von der anderen Seite auch in bezug auf das Kind sagen: Mit der Geschlechtsreife erfolgt die Geburt des astralischen Leibes. – Aber wieder ist es das Ich, das sich jetzt als Ewiges mit dem, was sich da emanzipiert, verbindet; so daß wir von der Geburt bis zur Geschlechtsreife, also bis zum Ende der Volksschulzeit und auch noch darüber hinaus, ein fortwährendes Sichbefestigen des Ich in der ganzen menschlichen Organisation haben. Vom 7. Jahre an befestigt sich das Ich nur noch im Ätherleibe; vorher aber, wenn der Mensch ein Nachahmer ist, befestigt sich gerade durch diese nachahmende Tätigkeit das Ich im physischen Leibe; und dann später, noch nach der Geschlechtsreife, befestigt das Ich sich im astralischen Leibe. Also es ist ein fortwährendes Durchdringen der menschlichen Organisation mit dem Ich, die sich konkret so ausnimmt, wie ich es gesagt habe.

Diese ganze Tatsachenwelt hat eine ungeheure Bedeutung für den Erzieher. Denn im Grunde genommen sollte alles Erziehen und Unterrichten gewissermaßen künstlerisch – wie ich das angedeutet habe in dem Aufsatze über das künstlerische Element in der Erziehung im letzten Heft der «Sozialen Zukunft» – so vor sich gehen, daß es diesen Prozeß des Eingliederns des Ich in die andere menschliche Organisation, wie ich es jetzt beschrieben habe, immer im Auge hat; es sollte durch eine künstlerische Erziehung der Prozeß des Eingliederns des Ich in die menschliche Organisation geleitet werden. Was ist damit gemeint?

Damit ist gemeint, daß zum Beispiel das Ich nicht gewissermaßen zu gründlich hineingehen darf in den physischen Leib, Ätherleib und astralischen Leib, daß es aber auch wieder nicht zu stark draußen gehalten werden darf. – Wenn es sich zu gründlich hineinsetzt in die menschliche Organisation, zu intensiv sich mit ihr verbindet, so wird der Mensch ein zu materielles Wesen; er denkt dann nur mit dem Gehirn, ist ganz abhängig von seiner Organisation, kurz, er wird zuviel Körper; das Ich wird zu stark aufgenommen von der Organisation. Das müssen wir vermeiden. Wir müssen durch die Erziehung zu vermeiden suchen alles dasjenige, was das Ich zu stark aufsaugen läßt von der Organisation, zu stark abhängig werden läßt. Sie werden den ganzen Ernst dieser Sache begreifen, wenn ich sage, daß das Wesen mancher Verbrecher, mancher brutaler Menschen darin besteht, daß man das Ich zu stark hat aufsaugen lassen in den Jahren des Wachstums. Das, was dann der Anthropologe bei einem solchen Menschen als die Ihnen ja bekannten Degenerationsmerkmale konstatiert, die beim Verbrecher gefunden werden, stellt sich sehr häufig heraus – es kommt erst richtig ausgebildet heraus in diesen späteren Jahren – als ein zu starkes Aufsaugen des Ich von seiten der übrigen Organisation. Und wenn auch der Mensch [mit einem zu kurzen Hinterhauptslappen des Gehirns] geboren wird, so ist es um so notwendiger, daß wir dann erst recht darauf sehen, daß das Ich nicht zu tief hineinsinkt in die übrige Organisation. Wir können nämlich durch eine richtige künstlerische Behandlung in der Erziehung vermeiden, daß bei einem Menschen mit Degenerationszeichen das Ich zu tief hineinsinkt in die Organisation; dann bewahren wir ihn davor, ein Verbrecher zu werden.

Auf der anderen Seite können wir aber auch in den entgegengesetzten Fehler verfallen. Es ist da eine Schwierigkeit. So wie man bei einer Waage ein zu kleines oder ein zu großes Gewicht auf die Waagschale legen kann – bei einem zu kleinen Gewicht geht die andere Waagschale nicht hoch, bei einem zu großen geht sie zu hoch, und wir müssen erst wieder ausgleichen –, so steht man bei den Tatsachen des Lebens ebenfalls einer solchen Wirklichkeit gegenüber. Das Gebiet der Wirklichkeit ist niemals in stramme Begriffe zu fassen; man kann immer, wenn man einen Fehler gutmachen will, in den anderen Fehler verfallen. Daher ist es gegenüber dem Kinde durchaus so, daß es auf die Intimitäten des Lebens ankommt, daß wir niemals einseitig zu stark das eine oder das andere heranziehen, sondern ein Gefühl dafür haben müssen, daß man bei der Erziehung künstlerisch ausbalancieren muß. Wenn man nämlich nicht dafür sorgt, daß das Ich sich in richtiger Weise mit der Organisation verbindet, dann kann es auch so sein, daß es zu stark draußen bleibt, und die Folge ist, daß der Mensch ein Träumer oder Schwärmer wird, oder überhaupt für das Leben unbrauchbar wird, indem er sich wieder phantastische Vorstellungen macht. Das ist der andere Fehler, daß man das Ich zuwenig in die Organisation untersinken läßt. Und selbst die Menschen, die als Kinder eine Anlage zur Schwärmerei, zur falschen Romantik, zur Theosophie im falschen Sinne zeigen, können für das weitere Leben davor bewahrt werden durch den Erzieher, wenn man darauf achtgibt, daß das Ich nicht zu sehr draußen bleibt aus der übrigen Organisation, sondern sich in der richtigen Weise mit ihr durchdringt. Wenn man bei Kindern das bekannte Theosophenmerkmal findet, ein kleiner Berg, der von der Stirne aus etwas rückwärts gelegen, ein bißchen ansteigt – das bekannte Theosophenmerkmal, das alle die, die Theosophenanlage haben, mit in die Welt bringen –, so handelt es sich darum, daß wir bei solchen Kindern dann darauf bedacht sind, die Neigung zur Schwärmerei und zur falschen Romantik durch ein stärkeres Hineindrücken des Ich in die Organisation zu vermeiden. Wie aber tun wir das eine und wie das andere?

Wir können etwas nach diesen Seiten hin tun, indem wir uns bekanntmachen mit den Mitteln, mit denen wir so etwas bewältigen können, und das sind die folgenden: Alles, was Geometrie und Arithmetik ist, was notwendig macht, daß der Mensch sich zahlenmäßige und raumesmäßige Vorstellungen macht, das trägt dazu bei, wenn es vom Kinde aufgenommen und verarbeitet wird, unterrichtlich und erzieherisch, daß das Ich sich hineinsetzt in den Organismus. Auch alles dasjenige, was im Sprachlichen hinneigt zum Musikalischen, also das Rhythmisch-Rezitative und so weiter, trägt dazu bei, daß das Ich sich in den Organismus in der richtigen Weise hineinsetzt. Die Musik, namentlich in der Weise angewandt, daß wir bei einem etwas zur Schwärmerei neigenden Kinde das Tongedächtnis ausbilden, also vorzugsweise das Erinnern des Musikalischen, wird in außerordentlich wohltätiger Weise bei einem solchen Kind wirken. Das sind die Mittel, mit denen wir arbeiten müssen bei einem Kinde, bei dem wir bemerken, daß das Ich nicht recht hinein will in den Organismus, das leicht schwärmerisch bleiben könnte. Und in dem Augenblicke nun, wo wir merken, daß das Kind zu materiell wird, daß das Ich zu stark abhängig wird von seinem Körper, brauchen wir nur in der Geometrie etwas mehr die sonst mit den Gedanken erfaßten Gebilde äußerlich zeichnen zu lassen. In dem Augenblick, wo wir das Kind die geometrischen Formen zeichnen lassen, schaffen wir wieder ein Gegengewicht gegen das Einsaugen des Ich. Sie sehen, man kann durchaus, wenn man die Unterrichtsgegenstände in der richtigen Weise benutzt, richtig erziehen.

Bemerkt man bei einem Kinde, das durch seine Anlage oder durch sonstige Verhältnisse vorzugsweise im Musikalischen unterwiesen werden sollte, daß es vom Organismus zu stark abhängig wird, daß es ein schweres Element in seinen Gesang hineinmischt, dann müssen wir versuchen, es auf das augenblickliche Hören hinzuleiten und weniger stark auf das Tongedächtnis. Wir können also den Versuch machen, überall zu regulieren: auf der einen Seite durch die Dinge, die ich charakterisiert habe, dem Kinde zum Einsaugen des Ich zu verhelfen, auf der anderen Seite aber auch das Ich davor bewahren, zu stark eingesaugt zu werden, wenn wir zwischen den Extremen nicht die richtige Balance gehalten haben. – Beim Sprachunterricht ist es besonders gut, wenn wir versuchen, regulierend zu wirken. Alles Musikalische an der Sprache trägt dazu bei, das Ich einsaugen zu lassen. Merke ich bei einem Kinde, daß dies zu stark geschieht, so versuche ich, mit ihm irgend etwas zu tun, was mehr auf den Sinn, auf den Inhalt der Sprache geht. Ich beschäftige mich dann so mit dem Kinde, daß ich es zu Dingen aufrufe, die mehr auf den Sinn gehen. Bemerke ich dagegen, daß das Kind zu schwärmerisch wird, so versuche ich, es dazu aufzurufen, daß es mehr das Rezitatorische, das Rhythmische, das Taktmäßige der Sprache aufnehmen muß. Das muß man sich als Erzieher künstlerisch aneignen, und darin kann man es schon zu einer gewissen Force bringen.

Nun aber gibt es Lehrgegenstände, durch die man ganz besonders das zu starke Aufgesogenwerden des Ich von der übrigen Organisation vermeiden kann. Das sind vor allen Dingen Geograpie, Geschichte und alles, was sich auf das Bildnerische, auf das Zeichnerische bezieht. In hervorragender Weise ist das namentlich dadurch möglich, wenn man zum Beispiel das Geschichtliche erzählerisch so entwickelt – das ist das Wichtige dabei –, daß das Kind einen starken Gemütsanteil an der Erzählung nimmt, daß man ihm an Persönlichkeiten starken Gemütsanteil, Verehrung oder meinetwillen auch Haß entwickelt, wenn diese Persönlichkeit, die man schildert, eine hassenswerte ist. Damit trägt man im Geschichtsunterricht ganz besonders dazu bei, daß das Kind nicht zu materiell wird. Und hat man nun wieder durch den Einblick in die Entwickelung des Kindes, den man sich auch verschaffen muß, den Eindruck gewonnen, daß man nun das Kind durch ein Zuviel an solchem Geschichtsunterricht ein bißchen nach dem Schwärmerischen hinüber balanciert hat, merkt man: das Kind beginnt ein bißchen zu schwärmen – dann muß man etwas anderes versuchen. Und das alles muß jetzt mit dem Lehrplan vereinigt werden. Man muß damit in den richtigen Jahren anfangen, und daher ist es gut, wenn man ein solches Kind durch die Jahre hindurch im Auge behält. Wenn man sieht, ein Kind wird durch die Geschichtserzählung zu schwärmerisch, dann muß man, wenn die Zeit dafür da ist, die Geschichte durchsetzen mit Ideen, mit den großen Zusammenhängen. Also: Das individuelle Behandeln dieser oder jener Ereignisse oder Persönlichkeiten in der Geschichte bewahrt das Kind vor einem zu starken Aufsaugen des Ich in der Körperlichkeit; das Durchsetzen der Geschichte mit Ideen, die über ganze Zeiträume gehen, befördert das Hineingehen des Ich.

Und wiederum: durch vieles Zeichnen und vieles Bildnerische kann sehr leicht das Ich herausgehoben werden aus dem Organismus, und das kann auch das Kind schwärmerisch machen. Da ist sogleich das Gegenmittel da, indem man bei solchem Kinde, das an dem Zeichnen oder Malen oder sogar auch im Schreiben schwärmerisch wird, versucht, daß es sinnvoll das Gezeichnete auffaßt: wenn ich das Kind eine Rosette zeichnen lasse, es dabei etwas denken lasse, oder bei einem Buchstaben es die Buchstabenform bewundern lasse, sie ihm ins Bewußtsein rufe und so weiter. Während das Kind durch das bloße Schreiben und Zeichnen außer sich kommt, kommt es durch das Betrachten des Gezeichneten und Geschriebenen in sich.

Das sind solche Dinge, die uns zeigen, wie wir erziehend und unterrichtend diese Einzelheiten des Unterrichts, wenn wir sie wirklich aus dem Künstlerischen heraus treiben, in der richtigen Weise benutzen können. Es ist ganz besonders notwendig, daß wir uns mit solchen Dingen wirklich abgeben. Nehmen Sie zum Beispiel den Geographieunterricht. Im allgemeinen trägt er dazu bei, daß das Ich nicht zu stark aufgesogen wird vom Organismus, so daß wir ihn gut benützen können bei einem Kinde, welches droht, zu materiell zu werden, indem wir ein solches Kind mehr hinweisen auf die Beschäftigung mit geographischen Dingen. Aber auf der anderen Seite wieder können wir auch, indem wir in der Geographie zum Beispiel darauf Wert legen, daß das Kind Niveauunterschiede erfaßt, oder indem wir überhaupt in die Geographie etwas hineinmischen, wozu ein mehr geometrisches Denken gehört, dann können wir, wenn das Kind droht, durch den Geographieunterricht schwärmerisch zu werden, auch wieder das Ich in der entsprechenden Weise hineinbringen.

Das sind Dinge, deren ganzen Wert man erst ermessen kann, wenn man auf diesen Wunderbau des menschlichen Organismus und sein Zusammenstimmen mit dem ganzen Weltall eingehen kann. Denken

Sie nur, nach dem, was wir betrachtet haben, ist die Entwickelung des Kindes von der Geburt bis zur Geschlechtsreife ein Ineinanderspielen der kosmisch-plastischen Kraft mit der kosmisch-musikalischen Kraft. Dieses Ineinanderspielen geschieht natürlich in den allermannigfaltigsten Variationen. Und wenn Sie die menschliche Konstitution betrachten – ich glaube, ich habe auf diese wichtige Sache schon in anderem Zusammenhang hingedeutet, möchte sie aber hier erwähnen, weil sie sehr nützlich sein kann –, so finden Sie auf der einen Seite den physischen Leib und den Ätherleib; beide trennen sich nicht voneinander in der Zeit zwischen Geburt und Tod, sie gehören in einer gewissen Beziehung zwischen Geburt und Tod fortwährend zusammen. Dagegen trennen sich der physische Leib und der Ätherleib von dem astralischen Leib – also zunächst der Ätherleib vom astralischen Leib – beim Einschlafen, und beim Aufwachen gehen sie wieder zusammen. Es sind also Ätherleib und astralischer Leib weniger eng aneinandergebunden als zum Beispiel physischer Leib und Ätherleib; ebenso wieder sind eng verbunden Ich und astralischer Leib, denn diese trennen sich nicht, während der Mensch schläft. Ja, was ist nun der Mensch durch seinen physischen Leib auf der Erde? Er ist ein Wesen, das in inniger Wechselwirkung lebt mit der umgebenden Luft. Ein gewisses Quantum Luft ist in bezug auf unseren physischen Leib bald drinnen, bald draußen; wir atmen ein, wir atmen aus. Dieses Aus- und Einatmen weist ja einen feinen Unterschied auf zwischen dem wachenden Zustande und dem schlafenden Zustande des Menschen. Es gibt da einen feinen Unterschied, und für die großen Ereignisse sind die feinen Unterschiede oft bedeutsamer als die anderen. Was sich nun im wachenden Zustande abspielt in dieser Beziehung durch Wechselwirkung zwischen dem astralischen Leib und dem Ätherleib, das spielt sich auch beim schlafenden Menschen ab. Was da zusammenspielt zwischen dem musikalischen Element und dem plastischen Element in der menschlichen Entwickelungszeit, das ist zugleich ein fortwährendes Ineinandervibrieren des astralischen Leibes, indem das Ich mitvibriert, und des Ätherleibes, indem der physische Leib mitvibriert. Der Mensch atmet ja im Grunde genommen auch sein Ich und seinen astralischen Leib des Morgens ein, und er atmet sie abends beim Einschlafen wieder aus. Dies ist eine Art großer Atmungsprozeß, den wir dem kleinen Atmungsprozeß gegenüberstellen können. Wir gehen also eigentlich mit jedem Einschlafen aus unserem physischen Leib und ätherischen Leib heraus und treten dann in innigere Beziehung zur umgebenden Luft, weil wir dann unmittelbar mit unserem Ich und astralischen Leib drinnen sind in der Luft. Wir dirigieren wachend das Atmen von innen und wir dirigieren schlafend das Atmen von außen, von der Seele aus. Sie sehen einerseits aus dem Umstande, daß die Luft oder ein gewisses Quantum davon bald draußen und bald drinnen ist im menschlichen Organismus, und daß auf der anderen Seite die ganze menschliche Konstitution vom physischen Leibe bis zum Ich am Atmungsprozeß beteiligt ist, daraus sehen Sie, daß für das Wesen des Menschen scharf ins Auge gefaßt werden muß, was da eigentlich vorliegt an Wechselbeziehung zwischen der menschlichen Konstitution und der Luft.

Nun, Sie haben ja alle etwas Physik gelernt und werden sich erinnern, welche große Mühe sich die Lehrer gewöhnlich geben, wenn sie irgendwie gewissenhaft sind, den Kindern oder den jungen Leuten klarzumachen, daß die Luft, die aus Sauerstoff und Stickstoff besteht, nicht eine eigentliche chemische Verbindung ist, sondern eine Art Mischung. Wenn wir also die Luft betrachten, so sind in ihr Sauerstoff und Stickstoff in einem solchen Zusammensein, das es nicht zu einer chemischen Verbindung bringt, sondern in einem loseren Zusammensein als einer chemischen Verbindung. Wie hängt das mit dem Menschen zusammen? Es hängt mit dem Menschen dadurch zusammen, daß es das kosmische Abbild dafür ist, daß der astralische Leib und der Ätherleib im Menschen in einer loseren Verbindung sind. Wären Sauerstoff und Stickstoff in der Luft in einer chemischen Verbindung, hielten sie chemisch aneinander, dann wären auch der Ätherleib und astralische Leib so scharf verbunden, daß sie sich nicht lösen könnten, so daß wir niemals einschlafen könnten. Es spiegelt sich das, was wir innerlich als Beziehung zwischen astralischem Leib und Ätherleib haben, in der äußeren Konstitution der Luft; und umgekehrt, die äußere Konstitution der Luft in der Mischung von Sauerstoff und Stickstoff spiegelt sich innerlich in der Beziehung zwischen dem Ätherleib und dem astralischen Leib in der menschlichen Organisation. So ist der Mensch auf den Kosmos hin organisiert. So ist er innerlich ein Mikrokosmos, nur daß gewisse Dinge, die draußen mehr nach der physischen Seite hin geordnet sind, bei ihm mehr nach der seelischen Seite geordnet sind: Außen haben wir es mit einer physischen Gesetzmäßigkeit zwischen Sauerstoff und Stickstoff zu tun, innen mit einer seelischen Gesetzmäßigkeit zwischen Ätherleib und astralischem Leib. Und wenn so der Mensch angeschaut wird, wie er atmet, wie darin in den wunderbaren Vibrationen, die wir als Lichtvibrationen charakterisieren – wir können es betrachten, wenn wir Geisteswissenschafter sind –, wir ein Durcheinanderschießen zwischen astralischen und ätherischen Vibrationen haben, so können wir dies auf der einen Seite so betrachten, wie es vor sich geht im menschlichen Organismus, auf der anderen Seite so, wie es um eine Stufe tiefer vor sich geht in dem physischen Aus- und Einatmungsprozeß. Da sehen wir förmlich, wenn wir so etwas betrachten, wie der Mensch sich als geistig-seelisches Wesen aus seiner physischen Umgebung fortwährend herauslöst, so etwa wie bei einer Mischung, wenn die schwereren Teile nach abwärts fallen, sich herauslösen aus der Mischung, und die leichteren Teile oben bleiben. Solche Vorgänge spielen sich noch in der mannigfaltigsten Weise im Menschen selber ab. Aber wir müssen sie haben unter dem, was wir gewissermaßen vernehmen, aufnehmen, wahrnehmen, damit wir es dann verstehen und im meditativen Erinnern in künstlerische Pädagogik eben umsetzen, wie ich es gestern charakterisiert habe.

Nun müssen wir noch etwas anderes dazu betrachten. Was trägt denn eigentlich unser Ich beim Herabstieg aus der geistigen Welt durch die Geburt in die physische Welt herein? Es ist der Kopf, der es hereinträgt. Der Kopf ist sozusagen der Wagen, auf dem das Ich hereinfährt in die physische Welt. Und wenn es hereingefahren ist, dann verwandelt es auch seinen ganzen Lebenszustand beim Übergang aus der geistigen in die physische Welt. So paradox es zunächst dem Menschen, der die Dinge äußerlich betrachtet, erscheinen mag: in der geistigen Welt, bevor wir uns anschicken, hier geboren zu werden, sind wir eigentlich in einer fortwährenden Bewegung, und Bewegung ist dort unser eigentliches Element. Würden wir diese Bewegung fortsetzen wollen, so würden wir niemals in die physische Welt hineinkommen können. Und wir werden davor behütet, sie fortzusetzen, indem sich unsere Kopforganisation anpaßt dem übrigen Organismus, so daß also gewissermaßen unsere Kopforganisation zum Wagen wird, auf dem wir hereinfahren in die physische Welt, der aber dann stille wird, wenn er hereingefahren ist, und dann bequem auf dem übrigen Organismus ruht. Und wenn der übrige Organismus auch geht, der Kopf macht dies nicht mit. So wie ein Mensch, der in einer Kutsche oder in der Eisenbahn fährt, selbst in Ruhe ist, so ist auch das Ich, das vorgeburtlich in Bewegung ist, zur Ruhe gekommen, wenn es in die physische Welt heruntergestiegen ist, und macht dann nicht mehr die Bewegungen, die es früher gemacht hat. Das deutet auf außerordentlich Wichtiges.

Wenn der heutige Embryologe das Werden des Menschenkeimes im Mutterleibe studiert, so bemerkt er, wie der Kopf im Verhältnis zu den übrigen Gliedern zuerst groß und konfiguriert ist, gegenüber den übrigen ungelenken und unkonfigurierten Gliedern, die sich erst später richtig herausbilden. Aber er betrachtet es so, als ob alles gleichwertig wäre. Die ganze embryologische Betrachtung ist eigentlich ziemlich unsinnig, so unsinnig, daß man sich eigentlich schwer mit einem heutigen Physiologen verständigen kann, denn er denkt auf einem ganz anderen Felde. Worauf es ankommt, das ist, daß durch die Befruchtung überhaupt nur auf die Gliedmaßennatur im wesentlichen, auf das «Außerkopfliche» beim Menschen eine Wirkung ausgeübt wird; denn der Kopf des Menschen wird im wesentlichen nicht vom Manne aus, sondern vom ganzen Kosmos aus konfiguriert. Der Kopf des Menschen wird eigentlich nicht vom Manne empfangen, sondern wird vom Kosmos empfangen. Die Anlage zum menschlichen Kopf ist auch schon im unbefruchteten Menschenkeim; und die Wirkung auf den Kopf, die eigentlich in dem unbefruchteten Menschenkeim noch eine kosmische ist, kommt dadurch zustande, daß die Befruchtung zunächst auf den übrigen Organismus wirkt, und erst, indem sich der Organismus entwickelt, wirken in der embryonalen Entwickelung die Wirkungen des übrigen Organismus auf den Kopf zurück. So daß – auch wenn wir ganz äußerlich embryologisch die Entwickelung des menschlichen Embryos studieren – wir darauf kommen können, wenn wir die Dinge nur richtig studieren, wie der Kopf sich aus dem Leibe der Mutter heraus bereitet, noch nicht unter der Einwirkung der Befruchtungskräfte, sondern indirekt; es ist gerade so, wie wenn in einer Werkstatt eine Kutsche bereitet wird, die einen Menschen aufnehmen soll: sie kommen einander entgegen – so wird der Kopf bereitet, damit er den heruntersteigenden Menschen seinem Ich nach in sich aufnimmt. Und noch lange nach der Geburt, ja, im Grunde genommen während der ganzen Entwickelungszeit, trägt der Mensch die Spur dieses Zusammenschießens der menschlichen Organisation und der kosmischen Organisation an sich.

Wenn einmal der Geist einer solchen Pädagogik, wie wir ihn hier eigentlich pflegen, so recht, ich möchte sagen, in die Seelengewohnheiten der Erzieher hineingegangen sein wird, dann wird eines auftreten: Diejenigen, die vor einer Klasse stehen, sie werden ungeheuer gefesselt sein von dem, was mit den einzelnen Kindern dadurch geschieht, daß auch noch vom 7. bis zum 14. Jahre streng auseinanderzuhalten sind – allerdings nur für eine intime Beobachtung – etwas von dem Zurückgehen am Kopfe, etwas von dem Abfluten einer übermenschlichen Organisation, und etwas von dem Durchflutetwerden des Kopfes mit dem, was aus dem übrigen Organismus heraufströmt, herauf sich ergießt. Sie müssen das mit dem, was in der ersten und zweiten Stunde gesagt worden ist, wieder in einer gewissen Weise zusammendenken, weil das eine mit dem anderen wieder in einer gewissen Beziehung ausbalanciert werden muß. Aber interessant muß es immer sein, den Unterschied in der Kopfplastik im Kinde zu beobachten von der Gestaltung des übrigen Organismus. Nur muß man die beiden verschieden anschauen. Wenn man die Veränderungen betrachten will, die beim Kopfe vorgehen, so muß man sich als Plastiker fühlen; wenn man dagegen jene Veränderungen betrachten will, die mit dem übrigen Organismus vorgehen, dann muß man sich als eurythmischer Musiker fühlen. Denn in bezug auf den übrigen Organismus hat es keinen Wert, zu beobachten, wie etwa die Finger wachsen und so weiter, sondern darauf zu achten, wie die Art der Bewegungen, die das Kind ausführt, sich ändert. Das wirkt allerdings auf die Gestaltung des Organismus zurück, allerdings wieder nicht durch die Formgebilde, sondern durch das Dynamische. Wenn einer riesig lange Beine oder Arme hat, so sind die schwerer als bei normalen Verhältnissen. Nicht die Form wirkt direkt, sondern das Gewicht, mit dem sie wirken, und das Gewicht mischt sich dann in die musikalische Bewegungsgestaltung hinein. Und wenn man einen solchen Menschen, bei dem die Arme und Beine zu lang gewachsen sind, so daß er nichts Rechtes mit ihnen anzufangen weiß, in der richtigen Weise beurteilen will, so muß man mit einer lebensmusikalischen Beurteilung herangehen und muß empfinden: wie dem Kinde die Beine, da sie zu lang geworden sind, immer übereinanderschlagen, wie die Bewegung eine abnorme wird, oder wie die Arme fortwährend nicht wissen, was sie eigentlich machen sollen, weil die Schwere darin zu stark wirkt. Denken Sie nur, wie intim man da, wenn man solche Dinge anwendet, aus der Geisteswissenschaft heraus den Menschen kennenlernt! Man wird dann manches nicht mehr unter dem Gesichtspunkt des Emotionellen betrachten, was man vorher vielleicht so angesehen hat. Man wird sich sagen, wenn einer kleine Hände und kleine Arme hat: Da ist weitaus weniger ein innerlicher Drang vorhanden, gleich dem anderen eine herunterzuhauen. Aber dagegen, wo einer zu lange Arme und Hände hat, die zu schwer sind, da muß man eben den inneren Drang, dem anderen gleich eine herunterzuhauen, auf das karmische Konto zurechnen, und es nicht betrachten vom äußeren emotionellen Gesichtspunkte aus.

Das ist etwas, was uns den Menschen, namentlich den werdenden Menschen, viel näher bringt, wenn wir so etwas ins Auge fassen. Denn da gibt es ein Geheimnis, das sehr merkwürdig ist. Sie können, wenn Sie die menschliche Gestalt so betrachten, sich sagen: Ich enträtsele mir das Werden eines Menschen, den ganzen Aufbau des Seelischen aus dieser körperlichen Organisation heraus; ich enträtsele mir die Bedeutung einer gewissen Kopfform, einer gewissen Schwere der Arme und der Beine und so weiter, eine gewisse Art des Auftretens, ob der Betreffende mehr geneigt ist, mit den Zehen aufzutreten, oder mehr – wie es bei *Fichte* der Fall war, dessen ganze Figur ein Abdruck davon ist – mit den Fersen aufzutreten. Das alles verrät uns ungeheuer viel, was uns das Gefühl geben kann: Du lernst da den Menschen besser kennen. Natürlich handelt es sich da nicht um besondere Intimitäten, sondern um etwas, was wir uns entgegenbringen im menschlich-sozialen

Verkehr, der nur intimer ist beim Unterricht im Verkehr zwischen dem Erzieher und dem Kinde. Wir bekommen dann, wenn wir einem Menschen gegenüberstehen, so recht das Gefühl: Das eine lernst du an ihm kennen, wenn du dir diesen Menschen von vorne ansiehst, da prägt sich musikalisch das aus, was man sehen kann; ein anderes lernst du kennen, wenn du ihn richtig von hinten ansehen kannst. Man sollte aus dem Wesen des Lebens heraus auch sich seine Lebensmaximen prägen. Würde zum Beispiel ein Student mit richtigen Lebensmaximen bei Fichte im Vortrag gesessen haben, er würde Fichte von vorne angehört haben, um das aufzunehmen, was er sagt. Um aber Fichtes Charakter kennenzulernen, würde er ihn von hinten angeschaut haben, um die ganze Art des Auftretens kennenzulernen. Die hintere Bildung des Kopfes, die Struktur des Rückens, des Buckels, die Art und Weise die Hände zu bewegen, die ganze Art der Kopfhaltung war bei Fichte dasjenige, was bei ihm unbedingt dazu aufforderte, in diesem Menschen dasjenige zu sehen, als was er sich eigentlich in die Welt hineingestellt hat, wenn man auf das Persönliche bei ihm ging.

Das kann uns Merkwürdiges verraten, wenn man auf diese Weise Kinder kennenlernt; wenn der Lehrer ein Mensch ist, der in dieser Art dazu neigt, mehr nach dem karmischen Verstehen hinzutendieren und weniger nach der Richtung desjenigen Lehrers, der so unterrichtet hat, daß er sich über ein emotionelles Kind furchtbar geärgert hat, es immer wieder ermahnt hat, ruhig zu bleiben, gelassen zu bleiben, ihm immer wieder vorgehalten hat Ruhe, Ruhe, Ruhe, endlich aber, weil es ihn zu sehr ärgerte, nach dem Titenfaß gegriffen hat, es dem Kinde an den Kopf geworfen und gesagt hat: Ich will dir zeigen, wie man gelassen wird! – Ich charakterisiere das etwas radikal; aber auch etwas weniger radikal ist es schon etwas, was wir als Lehrer und Erzieher als unrichtig überschauen müssen.

Wenn wir von diesem loskommen und unsere anthroposophische Menschenkunde mehr auf das richten, was ich charakterisiert habe, auf die Bildung des Kindes, so daß uns der Organismus etwas von seiner Seelenverfassung verrät, so beschäftigen wir uns mit dem Kinde in einer anderen Weise als sonst. Und kurioserweise ist es so, daß wir durch diese Art, uns zum Kinde zu stellen, in uns die Liebe zum Kinde entwickeln, daß wir es dahin bringen, es mit immer größerer Liebe zu erfassen. Und wir erwerben uns gerade dadurch eine mächtige Hilfskraft, das Kind liebend zu unterrichten und zu erziehen. Das sind die Wege, durch die wir uns besonders die richtigen Gefühle und Empfindungen als Erzieher und Unterrichter aneignen, wie ich es jetzt zu schildern versuchte. Denn es wäre eine ganz falsche Methode, wenn zum Beispiel jemand, der Komponist werden wollte, ein theoretisches Lehrbuch über das Musikalische in die Hand nehmen und glauben würde, er könnte dadurch komponieren lernen oder, wenn jemand irgendein Ästhetikbuch in die Hand nähme, sich das aneignete, was darin über Malerei und so weiter gesagt ist und glauben würde, er könnte dadurch Maler werden. Er wird dadurch kein Maler, sondern er wird Maler, wenn er lernt, die Farben zu behandeln, wenn er die Handgriffe bei der Behandlung der Farben lernt und so weiter. Und es wird einer ein Plastiker dadurch, daß er lernt, den Organismus in seinen Formen zu erfassen. Es ist ja ungeheuer interessant, den Organismus in seinen Formen zu erfassen, auch zum Beispiel bei der plastischen Kunst. Es ist ein ganz anderes Gefühl, das Sie haben, wenn Sie als Plastiker einen Kopf gestalten, oder wenn Sie den übrigen Organismus gestalten. Beim Kopf haben Sie fortwährend das Gefühl: der Kopf wirkt von innen heraus auf Sie, Sie müßten zurückweichen vor der Kopfbildung; es drückt Sie etwas von ihm heraus. Wenn Sie dagegen den übrigen Organismus formen in der Plastik, so haben Sie das Gefühl: Sie drücken hinein, indem sich vor Ihnen dieser übrige Organismus zurückzieht. Genau das entgegengesetzte Gefühl also hat man beim plastischen Formen in bezug auf den Kopf und den übrigen Organismus. Das zeigt uns, wie man überall die Behandlungsweise kennenlernen muß. – So ist es aber auch beim Erziehen. Wenn Sie sich durch ein Handbuch der Pädagogik unterrichten wollten über das, was Sie in der Schule tun wollen, so wäre das ebenso, wie wenn Sie sich durch ein Handbuch der Ästhetik zum Maler machen wollten. Es kommt nichts dabei heraus. Wenn Sie aber anthroposophische Menschenkunde treiben, wie die Leitlinien dazu geliefert werden, wie wir es jetzt hier zu betrachten pflegen, dann fährt in Sie selbst das pädagogische Talent; denn dazu haben viel mehr Menschen Anlage, als Sie denken. Und dann eignen Sie sich auch gewisse Dinge an, die gerade dem Lehrer eigen sein müssen, wenn er ein richtiger Lehrer sein will.

Auf keinem Gebiete wird heute mehr wesenloses Zeug geredet, trotzdem sich so viele Menschen außerordentlich dafür interessieren, als auf dem Gebiete der Pädagogik. Wenn heute über pädagogische Dinge gesprochen wird, empfindet man es deshalb als so schlimm, weil diese Dinge auf die nächste Generation gehen. Aber wie auf so vielen Gebieten, ist es hier ganz besonders der Fall, daß man über die Tiraden, die laienhaft gesprochen werden, hinwegkommt durch ein tieferes Erfassen der Menschenwesenheit. Sogar Lehrer haben die Tirade angenommen: der Unterricht müsse für die Kinder zur Freude werden. Wir nehmen es nicht übel, wenn dieses von Laien gesagt wird; es ist gut gemeint. Aber es ist streng zu verpönen, wenn von den fachlichen Unterrichtern und Erziehern diese Tirade tradiert wird! Denn, besinnen Sie sich einmal auf die Praxis und fragen Sie sich, wie Sie es in bezug auf gewisse Dinge, die schwer zu überwinden sind, machen sollen als Lehrer, damit es die reine, helle Freude für die Kinder ist? Oder bedenken Sie manche kindliche Anlage und fragen Sie sich, wie Sie es machen sollen, daß das Kind, wenn man es vom Morgen bis zum Abend in der Schule hat, sich immer nur freuen, immer nur freuen soll? Es ist eben nicht durchzuführen. Es ist eine von den Redensarten, die Menschen machen, die außerhalb der Wirklichkeit stehen; wie es auch auf anderen Gebieten heute überall Redensarten gibt, die von Menschen stammen, die selbst außerhalb der Wirklichkeit stehen. Die Tatsache ist einfach diese, daß gewisse Dinge eben den Kindern keine Freude machen, daß diese Dinge aber trotzdem gemacht werden müssen. Würde der Unterrichter den Kindern lauter Freude machen wollen, so könnte sich zum Beispiel beim Kind das Pflichtgefühl nicht entwickeln, das nur durch Überwinden entwickelt werden kann. Das wäre kein Vorteil. Also um lauter Freude kann es sich nicht handeln, sondern um etwas ganz anderes handelt es sich: daß wir uns wirklich durch unsere pädagogische Kunst die Liebe der Kinder erwerben, so daß sie unter unserer Leitung sogar auch das machen, was ihnen nicht Freude bereitet, sondern was ihnen sogar Unlust und einen leichten Schmerz macht. Daher müssen Sie sich sagen: Wird die rechte Liebe hineingetragen, bringen wir es fertig, dem Kinde die richtige Liebe beizubringen, dann entwickelt sich in dem Kinde etwas anderes als Freude, dann entwickelt sich die Anhänglichkeit an den Lehrer, dann hat das Kind ein anderes Empfinden. Dann hat das Kind die Empfindung: Manches ist schwer, aber bei *dem* Lehrer oder bei *der* Lehrerin da mache ich auch das, was schwer ist.

Das sind Dinge, die uns zeigen können, wie wir auch manches Schwere im Unterricht dadurch überwinden können, daß wir verstehen, das richtige Verhältnis zwischen Lehrer und Schüler herzustellen. Es ist eben eine andere Art, die Dinge zu betrachten, als was gewöhnlich vom Laienstandpunkt aus über Unterricht und Erziehung gesagt wird.

Meine lieben Freunde, diesmal wird es nicht mehr dazu kommen, daß wir zu einer Betrachtung zusammenkommen. Unendliche Sitzungen stehen uns bevor. Wir werden uns nur noch zusammenfinden zu einer Lehrerkonferenz.

HINWEISE

Angaben zu bestimmten Ausgaben beziehen sich auf Bände der Gesamtausgabe

Zu dieser Ausgabe

In den Wochen unmittelbar vor Eröffnung der ersten Freien Waldorfschule in Stuttgart im September 1919 hielt Rudolf Steiner für die von ihm ausgewählten Gründungslehrer einen ersten pädagogischen Kurs, der in drei Teile gegliedert und dementsprechend in drei Bänden veröffentlicht ist: «Allgemeine Menschenkunde» (GA 293), «Erziehungskunst. Methodisch-Didaktisches» (GA 294) und «Erziehungskunst. Seminarbesprechungen» (GA 295).

Wenige Monate später (26.12.1919–3.1.1920) folgte ein weiterer Kurs von sechs Vorträgen, der unter dem Titel «Geisteswissenschaftliche Sprachbetrachtungen» (GA 299) publiziert ist.

Als «eine Art Ergänzung zu manchem..., was in den einführenden pädagogischen Kursen im vorigen Jahr» ausgeführt wurde, wollte Rudolf Steiner die vier Vorträge des hier vorliegenden Bandes verstanden wissen (siehe den Anfang des 1. Vortrages). Ganz offensichtlich hatte sich Steiner zunächst vorgenommen, ausführlichere Darstellungen zu geben, doch die zahlreichen Verpflichtungen machten dies nicht möglich. So blieb es zunächst bei diesen vier Vorträgen.

Zu einem eigentlichen «Ergänzungskurs» für die Lehrer der Waldorfschule kam es dann erst im Sommer 1921, der in dem Band «Menschenerkenntnis und Unterrichtsgestaltung» (GA 302) veröffentlicht ist.

Textunterlagen: Die Vorträge wurden von Karl Schubert, Karl Lehofer und Walter Vegelahn mitstenographiert. Originalstenogramme liegen im Archiv nicht vor. Den vorliegenden Vortragstexten liegen die Klartextübertragungen zugrunde. Worte in eckigen Klammern sind Hinzufügungen des Herausgebers.

Zum Text: Die Grundlage für die vorliegenden Vortragstexte bilden die streckenweise sehr unterschiedlichen Nachschriften von K. Schubert und K. Lehofer. In dieser Form wurden die Vorträge erstmals 1952 herausgegeben. Die Auflage von 1961 war bis auf einige Änderungen in der Interpunktion unverändert. Die Auflage von 1972, Redaktion Erich Gabert und Hans Rudolf Niederhäuser, brachte aufgrund einer neuen Durchsicht der Nachschriften und aufgrund der Hinzunahme von Teilnehmernotizen einige Verbesserungen. Für die dritte Auflage 1983 wurden eine weitere, im Archiv befindliche Nachschrift von Walter Vegelahn sowie eine handschriftliche Notiz von Caroline von Heydebrand (siehe Hinweis zu S. 39) hinzugezogen. Sich daraus ergebende Abweichungen vom gedruckten Wortlaut sind in den Hinweisen vermerkt.

Die seit 1947 gebräuchliche Kursbezeichnung «Meditativ erarbeitete Menschenkunde» geht vermutlich auf Marie Steiner zurück.

Hinweise zum Text

zu Seite

11 *in den einführenden pädagogischen Kursen im vorigen Jahr:* Der Eröffnung der Waldorfschule in Stuttgart im Herbst 1919 ging ein pädagogischer Kursus voraus, den Rudolf Steiner durch drei Wochen im August und September des Jahres 1919 den ersten Lehrern der Waldorfschule und einer Reihe von Persönlichkeiten, die im Sinne seiner Pädagogik wirken wollten, hielt. Dieser Kurs umfaßte drei Veranstaltungen. Zunächst wurden vierzehn Vorträge über anthroposophische Menschenkunde als Grundlage einer unserer Zeit und der nächsten Zukunft entsprechenden Pädagogik gehalten. Es schlossen sich Vorträge an, welche die Wirksamkeit der anthroposophischen Menschenkunde in der Handhabung von Methodik und Didaktik in Unterricht und Erziehung verdeutlichten. Den Vortragsveranstaltungen folgten Besprechungen in seminaristischer Form, in denen Rudolf Steiner mit den Lehrern die praktische Ausarbeitung bestimmter Unterrichtsgebiete und die Wege zu einer Lösung erzieherischer Probleme erörterte.

13 *Herbert Spencer*, 1820–1903, englischer Kulturphilosoph; begründete die «Evolutions- oder synthetische Philosophie». Auf der Basis einer unerkennbaren, aber sich in materiellen und geistigen Formen kundgebenden Realität (Absolutes, Gott, «Kraft») beruht als einzig Erkennbares das Relative. Die Andersverteilung von Bewegung und Stoff geschieht durch die mit Zusammenfassung zu einem Ganzen (Integration) verbundene Evolution und die mit Desintegration des Stoffes (Aufhebung des Zusammenhanges) verknüpfte Dissolution. Hauptwerk: «System of synthetic philosophy», dt. Stuttgart 1875–1897, 11 Bde. Ferner «Education», dt. «Die Erziehung in intellektueller, moralischer und physischer Hinsicht», Leipzig 1910.

den Geist einer solchen pädagogischen Richtung ... wie sie zum Beispiel bei Fichte auftritt: Johann Gottlieb Fichte (1762–1814); siehe «Einige Vorlesungen über die Bestimmung des Gelehrten» (1794); «Reden an die deutsche Nation» (1807/08) und «Deduzierter Plan einer zu Berlin zu errichtenden höheren Lehranstalt» (1817).

13 *Spencer meint:* In seiner Schrift «Erziehung» (siehe Hinweis oben) heißt es wörtlich: «Nach langen Zeiten der Blindheit sieht die Menschheit endlich, daß die freiwillige Tätigkeit der Beobachtungsgabe beim Kinde Bedeutung und Nutzen hat. Was man einst für eine nur zwecklose Tätigkeit, ein Spiel, ein Übel hielt, wie nun der Fall liegen mochte, erkennt man jetzt als den Prozeß der Erwerbung von Kenntnissen, auf denen alles spätere Wissen ruht. Daher der in der Idee gute, in der Ausführung schlechte *Anschauungsunterricht*... Während die alte Methode, Wahrheiten in Abstraktionen darzubieten, aus dem Gebrauch verschwunden ist, ist entsprechend die neue Methode, sie in konkreter Form vorzuführen, in Aufnahme gekommen. Die elementaren Tatsachen der exakten Wissenschaften werden jetzt durch die direkte Anschauung gelernt, wie auch die Struktur, Gerüche und Farben gelernt werden.» (2. Kap., S. 56/57) Und weiter heißt es (S. 64): «Diese allgemeinen Beobachtungen müssen ins einzelne entwickelt werden, müssen in eine große Anzahl von detaillierten Urteilen umgewandelt werden, bevor wir sagen können, daß wir die *Wissenschaft* besitzen, auf die sich die *Kunst* der Erziehung gründen muß.» Im ersten Kapitel weist Spencer auf die Bedeutung einer Wissenschaft, der Soziologie, hin und folgert dann (S. 21): «Daher ist die Übermittelung von guten Grundlagen in den Wissenschaften von großer Bedeutung, sowohl weil es für alle Fälle vorbereitet, als auch weil ein rationelles Wissen dem empirischen Wissen gewaltig überlegen ist.»

In einem Notizbuch Rudolf Steiners (NB 297) befindet sich zu den Äußerungen Spencers über den Anschauungsunterricht folgende Anmerkung:

Spencer meint: der Anschauungsunterricht sollte so betrieben werden, daß er in die Untersuchungen des Naturforschers und die Nachforschungen des Mannes der Wissenschaft übergeht. –	das aber *muß* auf jeden Fall der *Anlage* überlassen bleiben; man müßte es geradezu *verhindern*.

16 *für die Dreigliederung des sozialen Organismus:* Da sich der Einheitsstaat sowohl monarchistischer als auch parlamentarischer Prägung als unfähig erwiesen hat, die drängenden sozialen Fragen des 19. und beginnenden 20. Jahrhunderts zu lösen, entwickelte Rudolf Steiner im Jahre 1917 die «Dreigliederung des sozialen Organismus», d. h. daß das gesamte öffentliche Leben wesensgemäß in die drei Gebiete des Geisteslebens, Wirtschaftslebens und Rechtslebens gegliedert werden müsse. In Anlehnung an die Ideale der Französischen Revolution «Freiheit», «Gleichheit», «Brüderlichkeit» ordnete er dem Geistesleben das Freiheitsprinzip, dem Wirtschaftsleben das Brüderlichkeitsprinzip und dem Rechtsleben das Gleichheitsprinzip zu. Siehe hierzu seine grundlegende

Schrift aus dem Jahre 1919 «Die Kernpunkte der sozialen Frage in den Lebensnotwendigkeiten der Gegenwart und Zukunft», GA 23; «Aufsätze über die Dreigliederung des sozialen Organismus und zur Zeitlage 1915–1921», GA 24, und «Soziale Zukunft», GA 332a.

17 *Spencer stellt da eine ganze Anzahl von Grundsätzen zusammen:* Spencer bezieht sich hier auf die ‹Prinzipien› des Schweizer Pädagogen Johann Heinrich Pestalozzi (1746–1827). Im Notizbuch (NB 297) von Rudolf Steiner sind die Grundsätze stichwortartig wie folgt wiedergegeben:

1.) Vom Leichten zum Schweren.

2.) Vom Unbestimmten zum Bestimmten.

3.) Vom Konkreten zum Abstrakten.

4.) Rasse – Kind – *Comte*.

5.) Vom Empirischen zum Gedankenmäßigen.

Grammatik durch die Sprache
Perspective durch Zeichnen

6.) Selbstentwickelung.

sagen = entdecken
Selfmademan

welche Kinder erziehen sich selbst?
Der *Glaube an die Menschheit* muß sich ergeben aus Erziehung und Unterricht.
Man glaubt an die Menschheit nur, wenn man von ihr den Geist empfangen hat.

7.) angenehme Anregung.

Von der Wiege an erziehen.

Zerbeißen von allem, das das Kind bekommt; Zerstören der Spielsachen; Zausen am Bart –

Kind weist die Sachen vor

Sich freuen des Kindes über die Entdeckung seiner Fähigkeiten.

23 *Tragik … Humor:* Siehe hierzu auch den Vortrag von Rudolf Steiner «Lachen und Weinen», in «Metamorphosen des Seelenlebens. Pfade der Seelenerlebnisse», GA 59; auch als Einzelausgabe unter dem Titel «Die Ausdrucksfähigkeit des Menschen in Sprache, Lachen und Weinen», Dornach.

26 *vom Kopfe aus am wirksamsten beeinflußt:* «beeinflußt» ist von den Herausgebern sinngemäß ergänzt.

Es ist nur so, daß später nach dem Zahnwechsel: In seinem Vortrag vom 4. Mai 1920, in «Vom Einheitsstaat zum dreigliedrigen sozialen Organismus», GA 334, S. 232 f. spricht Rudolf Steiner in diesem Zusammenhang stets von einer *geistig*-seelischen Tätigkeit. Hier die entsprechende Stelle im Wortlaut:

«Das Erinnerungsvermögen tritt allerdings bei manchen Menschen schon früher auf, aber die festumrissene Erinnerung, die zu Gedanken gestalteten Erinnerungen, die treten dann auf. Und wer dann diese Vorstellungsreihe verfolgt, der wird nicht umhin können, sich zu sagen: Ja, das ist ja dieselbe Tätigkeit; bis zum Zahnwechsel hin war eine geistig-seelische Tätigkeit, um die Zähne herauszutreiben. Diese geistig-seelische Tätigkeit wirkte im Organismus. Jetzt hat sie ihre Tätigkeit, ihr Feld abgeschlossen. Jetzt tritt sie als geistig-seelische Tätigkeit selber auf. Die festumrissenen Gedanken, die Gedanken, die der Erinnerung mächtig sind, diese Gedanken treten jetzt auf. Was haben sie früher getan? Sie waren es, die im Organismus gearbeitet haben, um die Zähne herauszuarbeiten; dieselbe Tätigkeit, die später im Denken und im Erinnern lebt, lebte im Organismus, war dort tätig, um die Zähne herauszutreiben. Es ist gewissermaßen eine organische Tätigkeit, metamorphosiert, umgewandelt zu einer geistig-seelischen Tätigkeit. Und als solche geistig-seelische Tätigkeit lebt sie nun weiter im Menschen.»

30 *all die Redereien von psychophysischem Parallelismus:* Dieser geht zurück auf Gottlieb Friedrich Lipps (1865–1931). In seinem Werk «Grundriß der Psychophysik», Leipzig 1899, gibt Lipps zunächst eine Definition der Psychophysik (S. 7): «Die Psychophysik ist demgemäß die Grenzwissenschaft zwischen der Psychologie und der Physik (im weitesten Sinne des Wortes).» Dann folgt eine Begriffsbestimmung des psychophysischen Parallelismus (S. 13): «Werden nun die Naturwissenschaften und die Psychologie als gleichberechtigte, einander ergänzende Forschungsgebiete anerkannt, so ergibt sich ohne weiteres die Aufgabe der Psychophysik frei von einseitiger Bestimmung. Sie besteht aufgrund der obigen Angaben in der Untersuchung des Zusammenhangs zwischen den subjektiven Erlebnissen des Bewußtseins und den objektiven Geschehnissen der Natur. Dieser Zusammenhang stellt sich als ein Neben-

einanderbestehen der geistigen und natürlichen oder der psychischen und physischen Vorgänge dar. Er kann daher zutreffend als Parallelismus und zwar als ‹psychophysischer Parallelismus› bezeichnet werden.»

31 *aus der Vertiefung in die anderen Kräfte des Menschen:* Von den Herausgebern als sinngemäße Ergänzung hinzugefügt.

33 *welche als die zwei Kräfte in Betracht kommen, die:* Ergänzung aus dem Stenogramm Schubert.

aus meinem Buche «Theosophie»: Siehe Rudolf Steiner «Theosophie. Einführung in übersinnliche Welterkenntnis und Menschenbestimmung», GA 9, S. 123.

34 *wie ich jetzt öfter die Rezitationskunst beschreibe:* Siehe Rudolf Steiner / Marie Steiner-von Sivers «Die Kunst der Rezitation und Deklamation», GA 281; «Sprachgestaltung und Dramatische Kunst. Dramatischer Kurs», GA 282; «Methodik und Wesen der Sprachgestaltung», GA 280.

wie ich sie bei den eurythmischen Vorträgen beschreibe: Siehe Rudolf Steiner «Eurythmie. Die Offenbarung der sprechenden Seele», GA 277; «Die Entstehung und Entwickelung der Eurythmie», GA 277 a.

Botokuden: Indianerstamm im brasilianischen Bergland. Wenn man früher einen Menschen einen «Botokuden» nannte, wollte man damit sagen, daß er ungebildet ist.

35 *daß ich ... berührt war von dem Worte Shakespeares:*

Der Mann, der nicht Musik hat in ihm selbst,
Den nicht die Eintracht süßer Töne rührt,
Taugt zu Verrat, zu Räuberei und Tücken;
Die Regung seines Sinns ist dumpf wie Nacht,
Sein Trachten düster wie der Erebus.
Trau keinem solchen. («Der Kaufmann von Venedig», V. 1).

39 *Ehrfurcht, Enthusiasmus, schützendes Gefühl:* Jeden dieser drei Sätze begleitete Rudolf Steiner mit einer Gebärde. In einer Handschrift von Caroline von Heydebrand steht:

Ehrfurcht (Hand betend gefaltet)

[In der Stenogrammüberlieferung: zwei sich nach oben mit den Fingerspitzen zu einander neigende Hände]

Enthusiasmus (Hand weisend ausgestreckt)

Schützendes Gefühl (rechter Arm wie eurythmisches B)

39 *als eine Art Zwerggeburt:* Hinzugefügt aus den Notizen von Helene Rommel.

45 *Arthur Schopenhauer*, 1788–1860. Über den Zusammenhang von Musik und Wille siehe: «Arthur Schopenhauers sämtliche Werke in zwölf Bänden», mit Einleitung von Dr. Rudolf Steiner, 3. Band, «Die Welt als Wille und Vorstellung», 3. und 4. Buch, Stuttgart und Berlin 1894 bei J. G. Cotta. Im Kapitel «Die Platonische Idee: das Objekt der Kunst»,

45 § 52 heißt es u. a. (S. 108): «Die Musik ist nämlich eine so *unmittelbare* Objektivation und Abbild des ganzen *Willens*, wie die Welt selbst es ist, ja wie die Ideen es sind, deren vervielfältigte Erscheinung die Welt der einzelnen Dinge ausmacht. Die Musik ist also keineswegs, gleich den anderen Künsten, das Abbild der Ideen; sondern *Abbild des Willens selbst*, dessen Objektivität auch die Ideen sind: deshalb eben ist die Wirkung der Musik so sehr viel mächtiger und eindringlicher, als die der anderen Künste: denn diese reden nur vom Schatten, sie aber vom Wesen.»

46 *In denselben Bezirken*, in denen wir das Sichtbare wahrnehmen... *In denselben Bezirken*, in denen wir uns des Sichtbaren erinnern...: Das kursiv Gedruckte ist von den Herausgebern in Analogie zu den vorausgehenden Sätzen ergänzt. Im Stenogramm steht: Organen.

47 *Goethesche Farbenlehre:* Bände III bis V von «Goethes Naturwissenschaftlichen Schriften», herausgegeben und kommentiert von Rudolf Steiner in Kürschners «Deutsche National-Litteratur» (1883–1897), Nachdruck in 5 Bänden Dornach 1975, GA 1 a–e; Sonderdruck 1982.

in dem letzten Band meiner Kürschnerschen Ausgabe: Siehe in Band V, 2. Abteilung, S. 102 ff. (Goethe über Johann Leonhard Hoffmann) in vorigem Hinweis erwähnten Werk.

49 *und Sie erhalten jene Eurythmie:* Siehe Hinweis zu S. 34 und Rudolf Steiner «Eurythmie als sichtbarer Gesang. Ton-Eurythmie-Kurs», GA 278; «Eurythmie als sichtbare Sprache. Laut-Eurythmie-Kurs», GA 279.

49 *aus der übersinnlichen Eurythmie die sinnliche machen:* Ergänzt aus dem Stenogramm Schubert.

50 *3. Abschnitt, 2. Satz:* In der Nachschrift von W. Vegelahn heißt es hier: «Es zeigt sich uns, wie auf der einen Seite in unserem Leibe nichts existiert, was nicht durchgeistigt ist, ...»

50 *daß nichts mehr im Menschen geistig-seelisch ist, was nicht das physische Erleben verarbeitet:* Aus dem Stenogramm Schubert. Das Stenogramm Lehofer hat: «daß nichts mehr im Menschen geistig-seelisch vor sich geht, was nicht im physischen Erleben verarbeitet wird.»

53 *den die Menschenkunde meditierend Verstehenden:* Von den Herausgebern in Anlehnung an die vorhergehenden Formulierungen gefaßt. Die Nachschrift Lehofer hat nur: «den die Menschenkunde *Meditierenden*», die andere (Schubert): «den die Menschenkunde *Verstehenden*».

56 *in dem Aufsatze über das künstlerische Element:* Gemeint ist der Aufsatz «Die pädagogische Zielsetzung der Waldorfschule in Stuttgart», erstmals erschienen in der Zeitschrift «Soziale Zukunft», 1. Jahrg. Heft 5–7, Zürich, Februar 1920. Mit zwei weiteren Aufsätzen abgedruckt in «Die pädagogische Grundlage und Zielsetzung der Waldorfschule. Drei Aufsätze 1919/1920», Dornach 1978. Innerhalb der Gesamtausgabe enthalten in «Aufsätze über die Dreigliederung des sozialen Organismus und zur Zeitlage 1915–1921», GA 24.

es sollte durch eine künstlerische Erziehung der Prozeß des Eingliederns des Ich in die menschliche Organisation geleitet werden: Dieser Satz ist eingefügt aus dem Stenogramm Schubert.

[einem zu kurzen Hinterhauptslappen des Gehirns]: Sinngemäße Korrektur des Herausgebers. Wortlaut bis einschl 3. Aufl.: «mit den Verbrecherohrläppchen». Siehe Rudolf Steiners Vortrag vom 24. November 1915. Dort zitiert er den Kriminalanthropologen Moriz Benedikt sinngemäß mit den Worten: «Es war eine große, bedeutsame Entdekkung, die Moriz Benedikt ... machte, die zeigt, wie eine gewisse einfache Physiologie des Hinterhauptes bedingt, daß man ein Verbrecher ist. Also bedenken Sie: Ein Verbrecher ist man dadurch, daß der hintere Gehirnlappen Teile des Gehirnes nicht bedeckt ...» Aus «Die geistigen Hintergründe des Ersten Weltkrieges», GA 174 b, S. 132.

57 *ebenfalls einer solchen Wirklichkeit:* Von den Herausgebern aus dem Stenogramm Schubert ergänzt.

58 f. *wenn wir zwischen den Extremen nicht die richtige Balance gehalten haben:* Der Text folgt hier mehr dem Stenogramm Schubert. «Zwischen den Extremen»: ist aus ihm in neuer Lesart entnommen; die frühere Ergänzung der Herausgeber «zu stark draußen zu bleiben» ist nun sinngemäß ersetzt worden durch «zu stark eingesaugt zu werden».

61 *4. und 3. Zeile von unten:* «indem das Ich mitvibriert ... indem der physische Leib mitvibriert». Sinngemäß kann es hier auch heißen: «in dem das Ich mitvibriert ... in dem der physische Leib mitvibriert». Mög-

licherweise handelt es sich hier um einen Hörfehler des Stenographen.

62 *daß es das kosmische Abbild dafür ist:* «Abbild» ist von Herausgebern ergänzt.

63 *im meditativen Erinnern:* «meditativ» durch die Herausgeber in Anlehnung an den 3. Vortrag ergänzt. Die Nachschriften haben an dieser Stelle «im pädagogischen Erziehen» (Lehofer), oder «pädagogischen Erinnern» (Schubert).

65 *noch nicht unter der Einwirkung der Befruchtungskräfte, sondern indirekt:* «indirekt» wurde ergänzt aus dem zweiten Stenogramm.

Zusammenschießens: Nach Stenogramm Schubert. Das Stenogramm Lehofer hat: «Zusammenfließens».

NAMENREGISTER

* = im Text nicht namentlich genannt

LITERATURHINWEIS

Zur Weiterführung und Vertiefung der Darstellungen des vorliegenden Bandes sei auf folgende Ausgaben von Rudolf Steiner verwiesen:

(GA = Rudolf Steiner Gesamtausgabe / TB = Rudolf Steiner Taschenbücher)

Schulungskurs in drei Teilen
gehalten anläßlich der Begründung der Freien Waldorfschule

Allgemeine Menschenkunde als Grundlage der Pädagogik
Vierzehn Vorträge, Stuttgart 1919 GA 293 (TB 617)

Erziehungskunst. Methodisch-Didaktisches
Vierzehn Vorträge, Stuttgart 1919 GA 294 (TB 618)

Erziehungskunst. Seminarbesprechungen und Lehrplanvorträge
Fünfzehn Seminarbesprechungen und drei Vorträge, Stuttgart 1919
GA 295 (TB 639)

Notizbucheintragungen Rudolf Steiners
Zu den Stuttgarter Lehrerkursen 1919–1921 in der Schriftenreihe «Beiträge zur Rudolf Steiner Gesamtausgabe» Heft 31

Vorträge und Kurse für die Lehrer der
Freien Waldorfschule in Stuttgart

Geisteswissenschaftliche Sprachbetrachtungen. Eine Anregung für Erzieher
Sechs Vorträge, Stuttgart 1919/1920 GA 299

Menschenerkenntnis und Unterrichtsgestaltung
Acht Vorträge, Stuttgart 1921 GA 302 (TB 657)

Erziehung und Unterricht aus Menschenerkenntnis. Meditativ erarbeitete Menschenkunde – Erziehungsfragen im Reifealter. Zur künstlerischen Gestaltung des Unterrichts – Anregungen zur innerlichen Durchdringung des Lehr- und Erzieherberufes
Neun Vorträge, Stuttgart 1920/22/23 GA 302 a

Öffentliche Kurse und Vortragsreihen

Die Erneuerung der pädagogisch-didaktischen Kunst durch Geisteswissenschaft
Vierzehn Vorträge, Basel 1920 GA 301 (TB 708)

Die gesunde Entwickelung des Menschenwesens. Eine Einführung in die anthroposophische Pädagogik und Didaktik
Sechzehn Vorträge, Dornach 1921/22 GA 303 (TB 648)

Die geistig-seelischen Grundkräfte der Erziehungskunst
Dreizehn Vorträge und zwei Ansprachen, Oxford 1922 GA 305 (TB 604)

Die pädagogische Praxis vom Gesichtspunkt geisteswissenschaftlicher Menschenerkenntnis. Die Erziehung des Kindes und jüngeren Menschen
Acht Vorträge, Dornach 1923 GA 306 (TB 702)

Gegenwärtiges Geistesleben und Erziehung
Vierzehn Vorträge, Ilkley/England 1923 GA 307

Anthroposophische Pädagogik und ihre Voraussetzungen
Fünf Vorträge, Bern 1924 GA 309

Der pädagogische Wert der Menschenerkenntnis und der Kulturwert der Pädagogik
Neun Vorträge, Arnheim 1924 GA 310

Die Kunst des Erziehens aus dem Erfassen der Menschenwesenheit
Sieben Vorträge, Torquay/England 1924 GA 311 (TB 674)

Einzelausgaben

Die pädagogische Grundlage und Zielsetzung der Waldorfschule
Drei Aufsätze 1919/1920 Bestell-Nr. 5060

Die Waldorfschule und ihr Geist. Welche Gesichtspunkte liegen der Errichtung der Waldorfschule zugrunde? Bestell-Nr. 5202
Drei Vorträge bei der Gründung der Freien Waldorfschule, Stuttgart 1919

Neuorientierung des Erziehungswesens im Sinne eines freien Geisteslebens
Drei Vorträge über Volkspädagogik, Stuttgart 1919 Bestell-Nr. 5411

Zeitgemäße Erziehung im Kindheits- und Jugendalter
Zwei Vorträge, London 1922 Bestell-Nr. 5063

Das Tonerlebnis im Menschen. Eine Grundlage für die Pflege des musikalischen Unterrichts
Zwei Vorträge für Pädagogen, Stuttgart 1923 Bestell-Nr. 5064

Das Lebenswerk Rudolf Steiners ist überliefert in den geschriebenen Werken und in den Nachschriften seiner stets frei gehaltenen Vorträge. Hinzu kommen zahlreiche künstlerische Arbeiten, von denen die beiden Goetheanumbauten weltweite Beachtung gefunden haben. Seine Ausführungen über Pädagogik, Landwirtschaft, Medizin, Nationalökonomie usw. führten zur Begründung zahlreicher Einrichtungen, die als Bereicherung des öffentlichen Kulturlebens immer mehr Anerkennung finden.

Im Auftrag Rudolf Steiners hat Marie Steiner-von Sivers die Vortragsnachschriften durchgesehen und veröffentlicht. Nach ihrem Tod (1948) wurde gemäß ihren Richtlinien von der durch sie 1943 begründeten Rudolf Steiner-Nachlaßverwaltung mit der Herausgabe der Rudolf Steiner-Gesamtausgabe begonnen. Diese wird etwa 350 Bände umfassen. In den beiden ersten Abteilungen erscheinen die *Schriften* und das *Vortragswerk,* in der dritten Abteilung wird das *künstlerische Werk* in entsprechender Form wiedergegeben.

Einen systematischen Überblick über die Gesamtausgabe (GA) gibt der Band «Bibliographische Übersicht. Das literarische und künstlerische Werk von Rudolf Steiner». Über den jeweiligen Stand der erschienenen Bände orientieren die Bücherverzeichnisse und der Gesamtkatalog des Rudolf Steiner Verlages.

Chronologischer Lebensabriß

(zugleich Übersicht über die geschriebenen Werke)

1861 Am 27. Februar wird Rudolf Steiner in Kraljevec (damals Österreich-Ungarn, heute Jugoslawien) als Sohn eines Beamten der österreichischen Südbahn geboren. Seine Eltern stammen aus Niederösterreich. Er verlebt seine Kindheit und Jugend an verschiedenen Orten Österreichs.

1872 Besuch der Realschule in Wiener-Neustadt bis zum Abitur 1879.

1879–1882	Studium an der Wiener Technischen Hochschule: Mathematik und Naturwissenschaft, zugleich Literatur, Philosophie und Geschichte. Grundlegendes Goethe-Studium.
1882	Erste schriftstellerische Tätigkeit.
1882–1897	Herausgabe von Goethes Naturwissenschaftlichen Schriften in Kürschners «Deutsche National-Litteratur», 5 Bände (GA 1a–e). Eine selbständige Ausgabe der Einleitungen erschien 1925 unter dem Titel *Goethes Naturwissenschaftliche Schriften* (GA 1).
1884–1890	Privatlehrer bei einer Wiener Familie.
1886	Berufung zur Mitarbeit bei der Herausgabe der großen «Sophien-Ausgabe» von Goethes Werken. *Grundlinien einer Erkenntnistheorie der Goetheschen Weltanschauung mit besonderer Rücksicht auf Schiller* (GA 2).
1888	Redakteur bei der «Deutschen Wochenschrift», Wien (Aufsätze daraus in GA 31). Vortrag im Wiener Goethe-Verein: *Goethe als Vater einer neuen Ästhetik* (in GA 30).
1890–1897	Weimar. Mitarbeit am Goethe- und Schiller-Archiv. Herausgeber von Goethes Naturwissenschaftlichen Schriften.
1891	Promotion zum Doktor der Philosophie an der Universität Rostock. 1892 erscheint die erweiterte Dissertation: *Wahrheit und Wissenschaft. Vorspiel einer «Philosophie der Freiheit»* (GA 3).
1894	*Die Philosophie der Freiheit. Grundzüge einer modernen Weltanschauung. Seelische Beobachtungsresultate nach naturwissenschaftlicher Methode* (GA 4).
1895	*Friedrich Nietzsche, ein Kämpfer gegen seine Zeit* (GA 5).
1897	*Goethes Weltanschauung* (GA 6). Übersiedlung nach Berlin. Herausgabe des «Magazin für Litteratur» und der «Dramaturgischen Blätter» zusammen mit O. E. Hartleben (Aufsätze daraus in GA 29–32). Wirksamkeit in der «Freien literarischen Gesellschaft», der «Freien dramatischen Gesellschaft», im «Giordano Bruno-Bund», im Kreis der «Kommenden» u. a.
1899–1904	Lehrtätigkeit an der von W. Liebknecht gegründeten Berliner «Arbeiter-Bildungsschule».

1900/01	*Welt- und Lebensanschauungen im 19. Jahrhundert*, 1914 erweitert zu: *Die Rätsel der Philosophie* (GA 18). Beginn der anthroposophischen Vortragstätigkeit auf Einladung der Theosophischen Gesellschaft in Berlin. *Die Mystik im Aufgange des neuzeitlichen Geisteslebens* (GA 7).
1902–1912	Aufbau der Anthroposophie. Regelmäßige öffentliche Vortragstätigkeit in Berlin und ausgedehnte Vortragsreisen in ganz Europa. Marie von Sivers (ab 1914 Marie Steiner) wird seine ständige Mitarbeiterin.
1902	*Das Christentum als mystische Tatsache und die Mysterien des Altertums* (GA 8).
1903	Begründung und Herausgabe der Zeitschrift «Luzifer», später *«Lucifer-Gnosis»* (Aufsätze in GA 34).
1904	*Theosophie. Einführung in übersinnliche Welterkenntnis und Menschenbestimmung* (GA 9).
1904/05	*Wie erlangt man Erkenntnisse der höheren Welten?* (GA 10). *Aus der Akasha-Chronik* (GA 11). *Die Stufen der höheren Erkenntnis* (GA 12).
1910	*Die Geheimwissenschaft im Umriß* (GA 13)
1910–1913	In München werden die *Vier Mysteriendramen* (GA 14) uraufgeführt.
1911	*Die geistige Führung des Menschen und der Menschheit* (GA 15).
1912	*Anthroposophischer Seelenkalender. Wochensprüche* (in GA 40, und selbständige Ausgaben). *Ein Weg zur Selbsterkenntnis des Menschen* (GA 16).
1913	Trennung von der Theosophischen und Begründung der Anthroposophischen Gesellschaft. *Die Schwelle der geistigen Welt* (GA 17).
1913–1922	Errichtung des in Holz als Doppelkuppelbau gestalteten ersten Goetheanum in Dornach/Schweiz. Im gleichen Zeitraum entstanden in Dornach ebenfalls nach Entwürfen Rudolf Steiners mehrere Wohn- und Zweckbauten, so das Haus Duldeck, Haus de Jaager, drei Eurythmiehäuser, Heizhaus, Transformatorenhäuschen, Glashaus, Verlagshaus u. a.
1914–1923	Dornach und Berlin. In Vorträgen und Kursen in ganz Europa gibt Rudolf Steiner Anregungen für eine Erneuerung auf vielen Lebensgebieten: Kunst, Pädagogik, Naturwissenschaften, soziales Leben, Medizin, Theologie. Weiterbildung der 1912 inaugurierten neuen Bewegungskunst «Eurythmie».

1914	*Die Rätsel der Philosophie in ihrer Geschichte als Umriß dargestellt* (GA 18).
1916–1918	*Vom Menschenrätsel* (GA 20). *Von Seelenrätseln* (GA 21). *Goethes Geistesart in ihrer Offenbarung durch seinen «Faust» und durch das «Märchen von der Schlange und der Lilie»* (GA 22).
1919	Rudolf Steiner vertritt den Gedanken einer «Dreigliederung des sozialen Organismus» in Aufsätzen und Vorträgen, vor allem im süddeutschen Raum. *Die Kernpunkte der sozialen Frage in den Lebensnotwendigkeiten der Gegenwart und Zukunft* (GA 23). *Aufsätze über die Dreigliederung des sozialen Organismus* (GA 24). Im Herbst wird in Stuttgart die «Freie Waldorfschule» begründet, die Rudolf Steiner bis zu seinem Tode leitet.
1920	Beginnend mit dem Ersten anthroposophischen Hochschulkurs finden im noch nicht vollendeten Goetheanum fortan regelmäßig künstlerische und Vortragsveranstaltungen statt.
1921	Begründung der Wochenschrift «Das Goetheanum» mit regelmäßigen Aufsätzen und Beiträgen Rudolf Steiners (in GA 36).
1922	*Kosmologie, Religion und Philosophie* (GA 25). In der Silversternacht 1922/23 wird der Goetheanumbau durch Brand vernichtet. Für einen neuen in Beton konzipierten Bau kann Rudolf Steiner in der Folge nur noch ein erstes Außenmodell schaffen.
1923	Unausgesetzte Vortragstätigkeit, verbunden mit Reisen. Zu Weihnachten 1923 Neubegründung der «Anthroposophischen Gesellschaft» als «Allgemeine Anthroposophische Gesellschaft» unter der Leitung Rudolf Steiners.
1923–1925	Rudolf Steiner schreibt in wöchentlichen Folgen seine unvollendet gebliebene Selbstbiographie *Mein Lebensgang* (GA 28) sowie *Anthroposophische Leitsätze* (GA 26), und arbeitet mit Dr. Ita Wegman an dem Buch *Grundlegendes für eine Erweiterung der Heilkunst nach geisteswissenschaftlichen Erkenntnissen* (GA 27).
1924	Steigerung der Vortragstätigkeit. Daneben zahlreiche Fachkurse. Letzte Vortragsreisen in Europa. Am 28. September letzte Ansprache zu den Mitgliedern. Beginn des Krankenlagers.
1925	Am 30. März stirbt Rudolf Steiner in Dornach.

RUDOLF STEINER GESAMTAUSGABE

Überblick über das literarische und künstlerische Werk

Erste Abteilung: Die Schriften

I. Werke

Goethes Naturwissenschaftliche Schriften, eingeleitet und kommentiert von Rudolf Steiner, 5 Bände (GA 1 a–e); separate Ausgabe der Einleitungen (GA 1)
Grundlinien einer Erkenntnistheorie der Goetheschen Weltanschauung (GA 2)
Wahrheit und Wissenschaft. Vorspiel einer «Philosophie der Freiheit» (GA 3)
Die Philosophie der Freiheit (GA 4)
Friedrich Nietzsche, ein Kämpfer gegen seine Zeit (GA 5)
Goethes Weltanschauung (GA 6)
Die Mystik im Aufgange des neuzeitlichen Geisteslebens und ihr Verhältnis zur modernen Weltanschauung (GA 7)
Das Christentum als mystische Tatsache und die Mysterien des Altertums (GA 8)
Theosophie. Einführung in übersinnliche Welterkenntnis und Menschenbestimmung (GA 9)
Wie erlangt man Erkenntnisse der höheren Welten? (GA 10)
Aus der Akasha-Chronik (GA 11)
Die Stufen der höheren Erkenntnis (GA 12)
Die Geheimwissenschaft im Umriß (GA 13)
Vier Mysteriendramen: Die Pforte der Einweihung – Die Prüfung der Seele – Der Hüter der Schwelle – Der Seelen Erwachen (GA 14)
Die geistige Führung des Menschen und der Menschheit (GA 15)
Anthroposophischer Seelenkalender (in GA 40)
Ein Weg zur Selbsterkenntnis des Menschen (GA 16)
Die Schwelle der geistigen Welt (GA 17)
Die Rätsel der Philosophie in ihrer Geschichte als Umriß dargestellt (GA 18)
Vom Menschenrätsel (GA 20)
Von Seelenrätseln (GA 21)
Goethes Geistesart in ihrer Offenbarung durch seinen «Faust» und durch das «Märchen von der Schlange und der Lilie» (GA 22)
Die Kernpunkte der sozialen Frage in den Lebensnotwendigkeiten der Gegenwart und Zukunft (GA 23)
Aufsätze über die Dreigliederung des sozialen Organismus und zur Zeitlage 1915–1921 (GA 24)
Kosmologie, Religion und Philosophie (GA 25)
Anthroposophische Leitsätze (GA 26)
Grundlegendes für eine Erweiterung der Heilkunst nach geisteswissenschaftlichen Erkenntnissen. Von Dr. Rudolf Steiner und Dr. Ita Wegman (GA 27)
Mein Lebensgang (GA 28)

II. Gesammelte Aufsätze

Gesammelte Aufsätze zur Dramaturgie 1889–1900 (GA 29)

Methodische Grundlagen der Anthroposophie. Gesammelte Aufsätze zur Philosophie, Naturwissenschaft, Ästhetik und Seelenkunde 1884–1901 (GA 30)

Gesammelte Aufsätze zur Kultur- und Zeitgeschichte 1887–1901 (GA 31)

Gesammelte Aufsätze zur Literatur 1886–1902 (GA 32)

Biographien und biographische Skizzen 1894–1905 (GA 33)

Lucifer–Gnosis. Grundlegende Aufsätze zur Anthroposophie und Berichte aus den Zeitschriften «Luzifer» und «Lucifer-Gnosis» 1903–1908 (GA 34)

Philosophie und Anthroposophie. Gesammelte Aufsätze 1904–1918 (GA 35)

Der Goetheanumgedanke inmitten der Kulturkrisis der Gegenwart. Gesammelte Aufsätze aus der Wochenschrift «Das Goetheanum» 1921–1925 (GA 36)

III. Veröffentlichungen aus dem Nachlaß

Briefe – Wahrspruchworte – Bühnenbearbeitungen – Entwürfe zu den vier Mysteriendramen 1910–1913 – Anthroposophie. Ein Fragment aus dem Jahre 1910 – Gesammelte Skizzen und Fragmente – Aus Notizbüchern und -blättern (GA 38–47)

Zweite Abteilung: Das Vortragswerk

I. Öffentliche Vorträge

Die Berliner öffentlichen Vortragsreihen («Architektenhaus-Vorträge») 1903/04 bis 1917/18 (GA 51–67)

Öffentliche Vorträge, Vortragsreihen und Hochschulkurse an andern Orten Europas 1906–1924 (GA 68–84)

II. Vorträge vor Mitgliedern der Anthroposophischen Gesellschaft

Vorträge und Vortragszyklen allgemein-anthroposophischen Inhalts – Evangelien-Betrachtungen – Christologie – Geisteswissenschaftliche Menschenkunde – Kosmische und menschliche Geschichte – Die geistigen Hintergründe der sozialen Frage – Der Mensch in seinem Zusammenhang mit dem Kosmos – Karma-Betrachtungen (GA 91–244)

Vorträge und Schriften zur Geschichte der anthroposophischen Bewegung und der Anthroposophischen Gesellschaft – Veröffentlichungen zur Geschichte und aus den Inhalten der Esoterischen Schule (251–270)

III. Vorträge und Kurse zu einzelnen Lebensgebieten

Vorträge über Kunst: Allgemein-Künstlerisches – Eurythmie – Sprachgestaltung und Dramatische Kunst – Musik – Bildende Künste – Kunstgeschichte (GA 271–292)

Vorträge über Erziehung (GA 293–311)

Vorträge über Medizin (GA 312–319)

Vorträge über Naturwissenschaft (GA 320–327)

Vorträge über das soziale Leben und die Dreigliederung des sozialen Organismus (GA 328–341)

Vorträge für die Arbeiter am Goetheanumbau (GA 347–354)

Dritte Abteilung: Das künstlerische Werk

Reproduktionen und Veröffentlichungen aus dem künstlerischen Nachlaß

Originalgetreue Wiedergaben von malerischen und graphischen Entwürfen und Skizzen Rudolf Steiners in Kunstmappen oder als Einzelblätter: Entwürfe für die Malerei des Ersten Goetheanum – Schulungsskizzen für Maler – Programmbilder für Eurythmie-Aufführungen – Eurythmieformen – Entwürfe zu den Eurythmiefiguren – Wandtafelzeichnungen aus dem Vortragswerk, u. a.

Die Bände der Rudolf Steiner Gesamtausgabe sind innerhalb einzelner Gruppen einheitlich ausgestattet. Jeder Band ist einzeln erhältlich. Ausführliche Verzeichnisse können beim Verlag angefordert werden.